U0620824

自由
速度
RUBATO

在历史
中

关于区域史研究认识论的对话

Searching for China in History
Dialogues on the Epistemology of
Regional History Studies

刘志伟　孙歌　著

寻找中国（增订版）

社会科学文献出版社
SOCIAL SCIENCES ACADEMIC PRESS (CHINA)

写在再版前的话

好像还在不久前，那个台风天与孙歌在台大的对谈，却原来已过了一个轮回了。时移世易，当年说的很多话，今天可能有些已被认为不太合时了，但我回看当时的文字，基本上都还是不悔之言。当年孙歌约我对谈，我觉得是一个将自己多年从事历史研究的一些心得理一理的机会，就欣然应允了，没想到那天话匣子打开，还说了那么多话。对谈整理出版之后，似乎还引起了一些读者的兴趣。这次增订再版，已经是第三版了。做了一辈子教书匠，说了一些话，本来敝帚自珍就好，现在有人乐意分享，不免有点窃喜。

不知从什么时候开始，学界在我们一群学术兴趣相近的人头上，冠了一个"华南学派"的草圈。我们一直不接受，觉得这草圈会成为孙行者头上那个"金箍儿"。但无奈被套上头了，脱不下来，只好忍着，不敢造次。渐渐地，人们给这个草圈贴上的标签，大多是关于研究的地域、研究的对象、研究的途径，乃至一些具体的解释或表述，这些也成了唐僧念的咒语一般。面对这个处境，现在反思 12 年前我与孙歌的对谈，当时努力要表达我们在历史观与历史认识论上的立场和思考，其实内心的意图，就是要破解这些咒语，松脱这头上的草圈。有点遗憾的是，这个对谈出版以后，收效并不那么如愿，咒语也许破了一点，草圈却似乎越套越紧了。

这次再版，出版社让我选了几篇后来的访谈附上，把我过去做的研究以及相关认识稍加延伸，希望有助于进一步发挥我与孙歌对谈中所讨论的观点。是否能收到预期的效果，任由读者心裁吧！

刘志伟

2025 年 6 月 2 日

目录

一

_____

在历史中寻找中国

对谈小引

孙　歌

　　与刘志伟教授相识很多年了，却多是神交，甚少来往，也疏于通信。我们住在南北两个城市，从事互不搭界的研究，分属于不同学科领域，绝没有机会借助于学会之类的官方渠道聚首，但是我们却偶尔会出其不意地遇见。记得第一次见面是十多年前参加一个在北京香山脚下的讨论会，由老朋友杨念群策划，主题是纪念梁启超新史学百年。刘志伟教授与后来被一起称为华南学派的几员猛将莅临，我已经忘记了当时跟他们聊了些什么，只是留下了很深的印象：这几位是可以说说话的。

　　一晃十多年过去，偶尔也会在类似的场合遇见他。不过这样的机会并不很多，而且我们也难得多聊几句。所以我其实与刘志伟很少谋面。倒是这几年偶尔有机会去广州，可以跟他在饭桌上或者茶馆里聊聊，可惜他总是来去匆匆，想把他拉住认真做点讨论，几乎没有可能。

跟世界上其他事情一样，学术交流也有合与不合之别，见面谈上几句，就知道一个话题在自己和对方之间可以走多远；学术会场上听过开场白，也大致知道对方有多少值得自己学的东西。这是一种直觉，比逻辑更可靠。年轻时气盛，明知话不投机也要强辩，年纪渐长，知道这世界不是给哪个人特别预备的，也不再企图以自己的三寸之舌说服改变别人，所以渐渐地不那么热衷辩论，而是更在意寻找可以把话题推向深入的对话伙伴。学术需要对话，倒不是因为害怕寂寞，而是因为一个人的视野毕竟有限，依靠不同的视角，推进同一个话题，对促进思考有特别的帮助。

日本知识界盛行对谈，这可说是一种日

本文化的副产品。我曾经花过一些时间专门研究战后日本知识界的对谈、鼎谈和座谈，发现这是一个很重要的思想史门类，很值得花些心思去钻研。理由很简单，从对谈到座谈，由于参与者的学术背景不同，视角和思路不同，同一个话题往往会被立体化处理，因而那些成功的讨论比单独的著述具有更大的思想和学术含量。而且假如有足够的耐心，从这类文字中还可以读出更多在单独著述中被遮蔽的微言大义来。所以在阅读日本战后思想家著作的时候，我会刻意地去寻找他参加过的那些主要的座谈或对谈的记录。

先说座谈会。比起独自著述的条分缕析、娓娓道来，座谈要求所有参与者互相配合，简洁地切入主题，明快地推进问题，而且由于参与者个性的不同，话题的主导权也往往发生转移，有时甚至与设计者的初衷相去甚远；不过最重要的是，假如其中有两位有质量的讨论者，基本上就可以把话题稳定在一个好的水准上，可以确保座谈会的质量。我读过一些完成度很高的座谈会记录，都是因为邀请了两位以上的高质量讨论者。说实在的，看那些高手巧妙地把被引向死胡同的话题"救活"，再如同击鼓传花似的把"救活"的话题抛给下一个选手，实在是件乐事。当然，这样的座谈精品也不是总能碰到，它们集中出现的时期是在20世纪50年代。

与此相比，对谈是个技术含量更高的形式。通常对谈要求双方有合作的诚意与能力，有健康的论辩意识，有把问题开放之后再重新认知的胸襟。在对谈过程中，可以拆解那些人们司空见惯的前提，也可以重组那些被常识舍弃的经验。因为没有座谈会的驳杂，对谈往往可以更从容地把问题推向深入，并不断揭示出新的理解可能性。战后日本的思想史大家都出版过自己的对谈集，有些对谈堪称经典。翻开日本的期刊，那些影响力大的重要期刊基本上每期都有座谈或者对谈。而且看得出杂志编辑的良苦用心，他们往往把不同学科的学者拉在一起讨论，比如文学的对历史的、经济学的对政治学的，甚至有些时候还组织自然科学家与社会科学家对话。战后最初的十几年里，学院学术和公共知识界的分野还不像今天这么明确，日本那个时期的对谈多由学术造诣专深的大家担纲，他们留下的很多讨论，在一个时期的时代课题已经褪色之后，依然是耐人寻味的。

我们中国的知识人，传承的是《论语》《朱子语类》的文化形态，所以比起对谈来，还是一人独大的访谈更发达。虽然也有不少座谈会记录发表，但更像是短篇论文合集，相互之间的配合默契不那么容易做到。一种文化有一种文化的逻辑，倒是不必硬要模仿日本人。不过说句实在话，我阅读中文杂志的时候，更关注的是论文，很少像读日文那么注意座谈类文字。说起对谈，似乎也不是我们中国人的长项。协调配合与辩论问题并行不悖，需要对谈双方不仅有相应的学养，还要掌握在双方不同的视野里不断地推进论题的技巧。我自己虽然在日本和韩国都有一些对谈的经验，但是也觉得，这不是我的长项。

跟刘志伟教授对谈，在我而言，是跟国内学者的首次合作经验。《人间思想》创刊，主编贺照田给我派下任务：去找刘志伟，跟他搞个对谈。谈什么、怎么谈、谈多长的篇幅，一律由你自己决定，对谈稿文责自负，我只管印出来。这么狡猾的编辑策略我还是第一次见，没有要求的要求其实是最大的要求。

于是就有了这篇长长的对谈。记得为了准备这次对谈，我事先做了功课，读了刘志伟教授的几篇东西，也印证了自己的直觉：可以跟他把平时很难讨论的一些问题作为对谈的主题，我们大概可以获得某种知识感觉上的默契。虽然他的研究跟我的研究毫无交集，他关注的问题也并非我关注的问题，但是在这些陌生的史料和经验的表象背后，我感觉到刘志伟摸索着的思考路径、他在摸索中的苦恼与困惑，这一切却都十分熟悉。

第一次对话是在中山大学的历史人类学研究中心。我们用了两三个小时的时间漫谈，试图找到一些突破口把对话引上对谈的途径。但是漫谈之后我们都承认这次"磨合"远未达到可以整理成文的地步。于是我们约定再找机会。刘志伟是个大忙人，我也并非随时能飞到广州去，我们核对了一下各自的日程表，发现7月份我们都在台湾，决定届时再找时间坐下来慢慢谈。

应该说，我们的对话不是自然发生的，更不是"水到渠成"的结果，这是一次"命题作文"式的任务。我们相互之间不但没有合作研究的经历，也缺乏对对方研究的了解。我阅读过他送给我的《在国家与社会之间：明清广东地区里甲赋役制度与乡村社会》，里面经济制度史的分析和社会史的视野很新鲜，而且他关于里甲制的研究也激发了我的兴趣，但是我很难深入到他的具体问题中，很难理解他在分析那些个案时的对话意图。我相信，他对我的文字大概更缺少共鸣。然而奇怪的是，这一切并没有妨碍我们共同决定答应这份差事，做好这件事情。

7月份的台北炎热而多台风，对谈那天赶上台风天的空隙，刘志伟专门从"中研院"的住处跑来台大，我们谈了差不多一整天。除掉中途被台大的朋友拉走开了个小会之外，那天刘志伟教授表现出高度的合作精神。其实，这次对谈是围绕着刘志伟的华南研究量身打造的，原因有二。第一是为了让对话变得集中，避免扯出两个中心点，扰乱读者，同时，也为了减少刘志伟的负担，让这个忙人不需要做太多的准备。但是第二个原因更重要：我认为华南的这个研究群体的成果如果可以跨出历史学界，让更多领域的人得到共享，那么对学术的发展将是有益的。

至于我自己，当然也有些私心。这几年我在思想史研究中一直摸索如何透过文献的词汇、概念触摸它背后的历史脉动，也逐渐积累了一些知识感觉，但是如何有效地表述活的历史，如何把动态历史与静态历史的区别讲出来，依然是一个十分细致的课题。同时，最近几年借助于编辑校译《沟口雄三文集》的契机，我开始自觉地推进关于普遍性论述的再思考等问题，试图追问在特殊性之中而不是个别性之上建立"形而下之理"的过程。这些困扰着我的课题意识是否能够从这次对谈中汲取营养，是否可以借助于刘志伟的华南研究让这些尚不精准的问题意识在轮廓上清晰起来？

那天的对谈令人兴奋。刘志伟并不介意我时而唐突外行的提问，从他特有的角度对上述问题做了正面讨论，使我获益匪浅。虽然我们在有些问题的看法上也并不完全相同，且这部分来不及展开，问题还无法推进到应有的深度，但是在已经展开的讨论中，由于对话展示了问题的多面性，这给我下一步的思考提供了重要的契机。

为了使对谈的完成度更高，我们各自在录音稿基础上又进行了删改补充，最后完成了这篇分两次连载于《人间思想》的对谈稿。这次愉快的合作给我留下深刻的印象，谨记录如上，作为对读者的说明，也作为对这次合作的纪念。

农历甲午年春节　北京

从国家的历史到人的历史

孙　歌：很高兴有这个机会跟你做些深入的讨论。虽然我们研究领域并不一样，但是有很多想法是一致的或者是相近的。我每次跟你聊天的时候，都觉得有很多收获，所以很希望用对谈的方式确认一些想法。《人间思想》约我们做对谈，给了我们一个难得的机会。我想分三个部分跟你做些讨论。第一个部分，我想交流一下我们各自做历史研究时遇到的基本问题。你面对历史，我面对思想史，但其实我们面对的对象是需要比较相近的方法和感觉的，我想交流一下这方面我们各自的困境。第二个部分，我希望可以请你谈谈你在华南研究和制度史研究方面积累起来的一些具体经验。第三个部分，我希望从思想史的角度跟你探讨一下如何共享你们华南研究中碰撞出来的那些原理性的思考。因为篇幅的问题，我们可不可以分成两次来谈，今天讨论前两个部分，第三个部分留到下次谈。

首先我想从最基本的问题谈起：为什么我们两个人会坐在这里来讨论这些问题，因为本来就研究内容上说我们的……

刘志伟：内容不相近。

孙　歌：对，我们是很难直接连起来的，而且要按照现在一般的那种惰性思维看，我们应该是对立的，因为你在做所谓的民众，我在做所谓的精英，但是事实上，我觉得我在跟很多国内国外的思想史学者接触之后，反倒觉得在问题意识方面离你是最近的。

这其中的原因，是我感觉到，在处理历史的时候，你不受观念和已有的所谓理论框架的束缚，对你来说那些东西有的时候可以用，但是它不是最重要的，它是第二位的。

第一位的是，你总是在试图面对一个有生命的、有机的动态历史过程。这个感觉也是我一直在寻找的，尽管我做的是思想史，通常被认为思想史就是要处理各种概念，但是对我来说，那也是第二位的。

所以我从来不认为，精英思想史和所谓的民众思想史或者是民众的历史是对立的，因为这不取决于你处理什么样的对象，而取决于你用什么方式去处理。从这个意义上来说，我觉得要把历史看成一个流动的过程，这个流动的过程不仅仅是一套话语，而且是我们尽量激活身体感觉来进入的那个用话语无法穷尽的主客体相互对话的过程。

用这样的方式来谈历史的人，我觉得非常有限，所以从这个意义上来说，是沟口先生把我领到你这儿来的，沟口先生做的中国思想史研究，严格地说，基本上也是一个研究精英论述的思想史。可是在这个论述的背后，沟口先生关注的是以乡里空间为背景的社会史脉络，因此所有精英的思想，无论是孔孟还是朱熹、王阳明，他们留下的文本如果不能跟这种社会史发生关联，就不具有历史生命力。而他的研究让我懂得了如何突破语词的表层含义，如何在使用概念的时候为概念注入历史的活力。

所以我觉得你做的这个华南研究和你早年讨论的经济史、制度史，在你的视野里边，呈现的正好是这样一个基本的特质。你在追问的不是国家、社会、民间、官方体制这样的一套话语系统所带来的固定感觉，其实你是要破除掉这些东西，去追问人们在他们的现实生活中是如何经营自己的生活，又是如何和其他人发生关系，如何形成了社会。在这个形成社会的过程当中，过去的普通人，他们如何把国家机能作为生活的需要而引入自己的生活中来，因此你提出的一个最基本的问题就是当我们现在试图解释中国的时候，是不是要从民众最现实的生活感觉入手。而且你也完全可以用这样的感觉去阐释士大夫，但是却绝对不是士大夫中心主义。

刘志伟：你把我想说的意思差不多都说了，我就顺着你的话，再发挥一下吧。我先从你开头那几句话开始，我理解你说的意思是，我们的研究领域或研究取向的同或异，并不是以研究民众的历史还是精英的历史来区分的。的确，人们一般都会认为，做思想史、政治史研究的，主要的关注点是精英的历史；而社会史研究，则眼光向下，做民众的历史。如你感觉到的，即使我们之间研究的内容和关注重点存在这种区别，但也并不是根本性的。历史研究的出发点或聚焦所在，当然可能有精英还是民众的差别，但我以为在整体历史观上，这种区别并不见得有多么重要。事实上，无论是以民众的政治诉求和实践，还是以民众的日常生活作为研究的着眼点，都可能在不同的方法论下展开；而无论是以精英为研究对象还是以民众为研究对象，也都可以表现出相同的方法论和历史观。我们也许可以有一个共同的地方，就是以"人"为历史的主体，以人的行为作为历史解释的逻辑出发点，这就与传统历史学以王朝国家为历史主体有根本的区别。

孙　歌：对。我补充一点，就是事实上比起研究对象来，研究视角才是决定性的。研究什么不能决定研究的性质，怎么研究才是决定性的。即使是同一个对象，从不同的视角看出去，也可以看到截然不同的图景。

刘志伟：这里实质的区分不在于是上层的历史还是下层的历史、精英的历史还是民众的历史、朝廷的历史还是百姓的历史，而在于是国家的历史还是人的历史。人们常常认为，新史学与旧史学的分途，在于着眼点是民众还是精英，但我相信，执着于精英和民众的区分，仍然是在一个国家历史的框架下的讨论。把社会成员分为精英和民众，本身就是一个国家的架构。历史学同其他近代发展起来的社会科学的最根本的一个区别，就是史学有着久远的传统，它从一开始就是一种国家机制，史书本质上是一种"国家记事书"。由此形成了一种根深蒂固的传统，历史是一种关于国家活动的叙事，无论皇帝、国王、臣民还是盗贼，他们的历史活动，都是在国家历史的框架下的，人的行为也只有在国家历史的逻辑下才有意义。现代史学虽然受近代以来的社会科学很大的影响，但在基本的范式上，并没有走出以国家作为历史主体的套路。虽然五四以后的知识分子热切地走向民间，中国马克思主义史学家坚称人民群众是创造历史的主人，近年方兴未艾的社会史研究把眼光转向普通人日常生活的历史，但我觉得仍然没有真正走出从国家出发演绎或解释历史的逻辑。把精英与民众、上层与下层、王朝国家与基层社会对立起来，讨论王朝制度和国家政治，视基层社会民众为国家教化的对象，研究民间社会文化，则不离其反抗或逃离国家的角度，种种取向的历史视野，都仍然在国家历史的框架下展开。

　　为什么走不出来，我以为是由于历史学

方法以国家为分析的逻辑起点这个传统根深蒂固，比较一下经济学、人类学这些学科的分析方法，也许可以帮助我们历史学者对这个传统多点反省。经济学分析方法的逻辑起点是理性的经济人，而人类学的传统则是以作为生物的人为分析的逻辑起点。经济学由人出于欲望和自私追求利益最大化出发，形成经济分析的理论和方法；人类学则从人的生命延续和繁衍出发建立起人类学的解释架构。而历史学虽然从早期作为国家记事的历史走向关注普通人的活动，但仍然摆脱不了从国家出发去解释人的历史这种惯性。

举一个比较简单的例子：今天很多历史学者都热衷于区域研究，虽然有的把区域研究作为理解国家历史的一个途径，有的则期待从区域研究中走向超越国家历史的新天地，但大多仍然是从国家历史出发来形成自己的视域和解释框架的。人们回顾区域研究的学术史，常常都会提到施坚雅（G.William Skinner），我经常听到的说法，是施坚雅把中国分成九大区域，然后就很少去理会施坚雅这个"区域"的内涵了。其实，施坚雅关于从区域的时间节奏去解释中国历史结构的理论，是建立在他关于中国社会的市场网络层级的研究基础上的。有的学者，往往只是简单地拿来了"区域"，很少重视他关于中国区域体系的理论完全摆脱了从王朝国家的逻辑出发来定义这个具有范式意义的创新。他关于中国区域体系的理解，与我们习惯的观念刚好颠倒了过来，用他的话来说，"这是一个地方和区域历史的网状交叠层级体系，这些地方和区域的范围分别以人之互动的空间形构为依据"。在这里，"网状交叠层级体系"（an internested hierarchy）和"人之互动的空间形构"（the spatial patterning of human interaction），是理解施坚雅区域理论的关键。在中国历史上，自古以来都有划分区域的观念，但这个"区域"，是从整体出发分割形成的概念，是王朝体系的内在构成，集中表达为"天下"与

"九州"的关系。这个"九州"的构成，一直都是中国王朝体系的空间模型。近代以来各种关于区域的概念，例如冀朝鼎先生提出的基本经济区的概念，也不离从王朝国家出发的定义。这些中国固有的区域概念，与施坚雅所谓的"人之互动的空间形构"有着完全不同的逻辑。施坚雅的"区域"，是在他早年提出的中国社会的"网状交叠层级体系"的分析架构基础上推演出来的，这个"网状交叠层级体系"的形成，以理性的经济人的交换与交往行为作为论证的逻辑出发点。中国学者虽然也经常会提及或引用施坚雅用区域历史节奏去解释中国历史结构的论述，但大多数时候，都会扔掉或忘记前述的这个理论上的根本区别。可以说，施坚雅的"九大区域"，到了中国学术语境中，又变回古代中国的"九州"了。我相信大多数中国学者不会刻意漠视施坚雅用来解释中国历史结构的"区域"与中国王朝传统观念中的"区域"在认识范式上有根本的差异，但由于中国的学者"拿来"施坚雅的"区域"概念时太过于以自己头脑里根深蒂固的王朝体系逻辑去理解，施坚雅的"区域"概念才成为"逾淮之橘"。从这个例子，我们也许能够体察到以国家为主体的历史解释与以人为主体的历史解释在认知和分析逻辑上的分歧。

近年来，我们常常会听到一些讨论，争辩应该更多关注民众的历史还是国家的历史，或纠结于应该强调国家权力向基层社会渗透，还是应该更多重视基层社会自身的内在逻辑。在我看来，如果我们的历史研究真正走出以国家或团体为主体的历史，转到以人为主体的历史，从人的行为及交往关系出发去建立历史解释的逻辑，这种争论实际上是没有多大意义的。因为如果我们的历史认知是从人出发，那么国家也好，社会也好，政府机构也好，民间组织也好，都不过是由人的行为在人的交往过程中形构出来的组织化、制度化单元，这些制度化的组织，当然影响并规限着人的行为和交往方式，但从根本上来说都是人的历史活动的产物和工具。在我们的研究对象中，国家体系与民间社会，精英与民众，高雅的思想和卑劣的欲望，都一样是人们历史活动的存在和表现形式。在以人为主体的历史观下，无论研究的是精英的历史还是民众的历史，我以为在方法论上并无根本的分歧。

因此，我们所追求的历史学与传统历史学的分歧，其实不在于研究国家还是研究民间，也不在于研究精英还是研究下层民众，而在于历史是国家的历史还是人的历史。分歧就在这里。很多时候我们的争论老是纠缠在我们要解释的历史过程究竟是国家主导多一点，还是民间自己有更多的抵制国家权力的空间。在我们看来这不是根本性的问题，我们的历史分析以人作为逻辑出发点，那么在人的行为之上，有或强或弱的国家权力存在，有错综复杂的社会关系，形成不同的文化传统，还有不同形式的法律制度等等，都要进入我们的视野，从而得以由人的能动性去解释历史活动和历史过程。

孙　歌：我读你的一篇访谈记录的时候，有很强烈的感觉，就是说你不得不去谈一些对你来说根本不构成问题的问题，你必须去解释，说我们这样去讨论民间社会并不是要用一个二元的外在框架把它和国家联结起来。本来这些都不该成为问题，但是现在却没有形成共识。特别是刚才讲的关于人的问题，我自己也遇到类似的情况。就是说，当我们说从人的角度去看历史的时候，其实我们说的那个"人"，还不仅仅是活生生的具体个体。当成为一种视角的时候，他其实是为那些不能以现有的国家框架，甚至所谓民间社会框架来衡量的要素赋予合适的轮廓。实际上我们是在确认一些不能够被简单地用概念和理论进行根本性处理的要素，是把一些被遮蔽的思考方式带进历史，所以这个时候所说的"人"就不是一个概念，但是同时也不是具体的个体，它是一个有开放性的思想视野，这个思想视野我借用沟口思想史的说法，就是"形而下之理"。

这就是说，所有的理，当它具有了形而下的具体形态时，它才是有内容的。如果把它抽象成一个空洞的观念，对于中国思想史来说，这样的概念就不具有历史功能，它也不具有现实功能，所以这是中国思想传统的一个很基本的特征，我觉得这样的基本特征在近代之后，在很大程度上被丢弃了，或者说它被歪曲了，很多对于所谓中国思想史关键概念的讨论，恰恰是失掉了这个形而下之理的特点，没有具体的历史特征，因此它就超越时空，变成一个抽象的概念，或者反过来，非常具体，但是却不可重复，就事论事，不具有理的内涵。我们看到的只是这两极，人这个概念，作为一个范畴，基本上也是在这两极被理解，但是我相信，我们现在讨论的这个"人"，是一个可以承载历史动态和历史变化的思想范畴，我愿意这么去定位。

刘志伟：如果以一种更偏激一点的方式来说的话，其实根本的分歧在于怎么理解历史。如果我们假设历史是一切行动的总和，那么这个行动的主体是什么？如果历史的主体是国家，就可以演绎出我们熟悉的很多历史的论述；但如果历史的主体是人，那么我们就可以相对自由地由人的行为去建构起一个包括国家甚至一个更大范围的历史，也包括很多抽象的概念的历史。在思想史研究中，似乎有一些人相信有一个概念的历史，不需要到形而下的层面去理解，这纯粹是一个概念自身的历史，有着自己的演变逻辑。但我疑惑的是，所有的这些东西如果不能落实为形而下之理的话，这些概念的历史解释的意义何在呢？而且，形而下之理，其实还是一种"理"，这就是说，这种原理性的东西，必须体现在人的历史活动中，但这个人既不是具体的个体，也不是抽象的，如何把握，在具体做研究的时候，要把它实现为一种研究实践，的确是有难度的。

　　孙　歌：操作实践有难度，形成共识的难度更大。我觉得这里面有些理论环节还没有被充分认知。形而下之理拒绝被抽象为脱离具体状况的观念，是因为它需要按照另外的逻辑去显示自身。在具体的事物中呈现的"理"，内容当然不是那种高度抽象的"理"可以取代的。而这种理被共享的途径，是要借助于其他事物的具体性加以转换。换句话说，形而下之理不可以脱离具体的语境和具体的脉络，它只能借助于事物的个别状态进行呈现。而问题的麻烦就在于，没有任何两个具体的语境是完全一致的，这也就意味着不可以用抽象统合的方式处理形而下之理的共享问题。共享的过程事实上是一个转换的过程，包括承载这个"理"的语词和概念，都可能发生很大的变化。如果按照目前通行的思维逻辑，这种形而下之理就只能被打入"特殊性"的冷宫了。

刘志伟：也许有一个属于历史哲学的问题，涉及我们用什么方法、怎样的思维逻辑去理解国家制度、思想观念和文化形态领域中那些在历史过程中展开的各式各样的范畴。人们习惯于从国家历史的角度去建立并定义这些范畴，把许多范畴看成有既定内涵、清晰边界和固定指向的概念。这点在中国历史尤其是近代史研究中表现得特别明显，中国史学面对的很多问题，症结也许都出在这里，例如当强调人民大众是历史主人的时候，我们就要面对什么是"人民大众"的问题。过去，历史学讲到人民的历史的时候，就是农民起义。其实农民起义成为一个既定的概念，它就不是真正人民大众的历史了。"人民"只是一个被国家意识形态赋予某种特定内涵的范畴而已，完完全全是一个国家历史的范畴，而人的历史就这样被消解了。这里面包含着一个根本的分歧，同样的概念，在国家历史的范式和人的历史的范式下，不但可能是完全不同的概念，更由于认知方法的不同，而有完全不同的理解逻辑。但这个区别怎么去讲清楚，我总是觉得很难，我平时跟学生讲类似这一套道理的时候，大多数情况下学生基本上是不能理解的。

孙　歌：从思想史的角度说，比如在明末清初，当时一些思想家使用的一个概念叫作"人人"，本来说"民"就可以了，为什么要说"人人"？因为"民"其实是一个统合性概念。因为它是统合性的，它有可能被抽空成一个形而上的概念。

像你刚才讲的"人民大众"，人民大众是社会的大多数。我们现在说人民大众是社会的主人，其实当进行这种表述的时候，人民大众是单一的实体，它是个单数的概念，尽管说的是人民大众，但在这个时候，很难有人用他的身体去感觉说那是一大群数不过来的人。

刘志伟：当你讲人民大众的时候，你头脑里面已经赋予它一系列的定义了，就是已经限定了它是怎么怎么样，所以你说这是单数这点很重要。因为它就是人民大众，人民大众就是一个什么什么的东西，但是这个东西完全是一个由国家体系演绎出来的定义，甚至是由特定的国家权力去定义的。

形而下之理与普遍性想象

孙　歌：我常常跟学生讲的就是，民众史未必是讨论民众的，民众史通常是精英用自己的精英视角去解释民众，因此我不认为做民众史研究的人一定有民众的观念、有民众的立场，他可能比做精英思想史研究的人还要精英化。这也是我不承认民众史与精英史对立这一套虚伪说辞的原因。

回到刚才的这个"人人"的问题上来，当这个主语变成"人人"而不是"人"的时候，其实我们看到的就是形而下之理的一种存在方式。这也是我这几年最苦恼的一个问题，因为要深入这个形而下之理，有一个必须跨越的障碍，就是被绝对化了的西方式普遍性想象。

西方的普遍性想象是要从无数个别性当中抽象出一个普遍性来，这个普遍性不管你怎么论证，在感觉上它一定是单一的东西，因为在逻辑上，抽象的结果必然导致单一性的产生。

在这样的一种思维定式里边，事实上我们很难产生真正意义上的"人人"的感觉，这也是国家论述那么有受众的原因，国家论述和这种单一的普遍性想象是同构的。只有这个"国家"我们可以把它从所有的个别经验里面抽象出来，可是如果我们认为这样的叙述它能够表述的那一部分历史是相当有限的话，我们就需要把这种关于普遍性的理论感觉相对化。

把这种通行的理论感觉相对化，就是说需要重新建立另外一种普遍性想象，我比较执着于"人人"这个说法，因为在我们的传统思想里边已经存在这样的资源，"人人"是形而下之理的载体，并不是乌合之众的聚合体，也不是可以抽象出来的单一的人或者是民众，它以个别的方式体现被无数个别所分有的"理"。因此，它不同于我们习惯的那种普遍性。

刘志伟：无论是在现实生活中，还是在学术研究中，人们要建立对事实的认知的时候，总是首先期望寻求一个"是什么"的答案，这个"什么"，大概就是你说的这个"普遍性"的最直接简单的表达，虽然每个人心目中的"什么"，在形式上都是具体的，但每个人在自己的知识结构之内都赋予这种认知一种抽象的"普遍性"，当人们满足于自己得到了"是什么"的答案的时候，潜在地就赋予这个答案一种"普遍性"了。由此我们可以说，每个人对所谓"普遍性"的想象，实质上也是一种个体的事实。如果明白这一点，我们就不应该在"普遍性"上困扰。面对着缤纷繁复、变幻无常的历史，历史学者当然不会只有兴趣在细节上了解具体存在的事实，总是希望能够从这些具体的事实中抽象出普遍性，但在我看来这种普遍性其实是一种迷信。那么，历史研究追求什么呢？你所说的形而下之理也许可以为我们提供一个答案。

在我看来，所谓形而下之理，是不追求超越时间、空间的普遍性的。在历史学者的眼中，一切都因时间、空间而改变。在某一特定时空下的事实以及由这些事实抽象出来的概念，随着时间和空间的改变，都会改变甚至失去其本来的意义，所有概念的确定性都可能被拆解掉。这还只是就研究的客体而言，如果我们还要从认识主体的角度来讨论，"普遍性"就更是不可企及。当你以为把握了或者说清楚了"是什么"，也就是以为得到了一个普遍性的表述的时候，别人总是可以找无数的事实来拆解你的表述。因此在"是什么"的意义上，所有看似具有普遍性的真理，都可以是一种伪事实的表述。

我这样说，可能会被指责是虚无主义、相对主义，或者被贴上"后现代"的标签。关于"后现代"，我不想说什么，这个标签已经被滥用或污化了；相对主义我也不是太在意，因为我的研究往往可以不涉及（或避开）伦理道德领域的价值评价和真伪问题，但虚无主义我是要划清界限的。我们做历史研究，绝对不会企图去否定事实的存在、真相、意义和本质价值，我们只是努力从时间与空间的过程中去认识和理解历史事实的意义与价值，历史虚无主义也许在哲学上有一定意义，但对于历史研究来说，是没有裨益的。因此，听到你提到沟口先生追求形而下之理时，虽然我还不能够真正理解你们在思想史研究中追求的形而下之理，但我想我们在社会经济史研究中所追求的也是一种形而下之理。是否可以这样说，这种追求或者可以使我们避免掉进（或被掉进）虚无主义的陷阱，是我们的一根"救命稻草"（笑）。

我们常常被追问，你们不追求普遍性，也不认可碎片化的研究，那你们的研究在追求什么？这的确不是一个很容易回答的问题。我想不妨试试以我们的研究实践来进行说明。我们的研究是以人的行为作为逻辑起点的，每个人都会从自己各式各样的目的出发，也会有不同的行为方式（习惯），同时，每个人的行为也必然受制于他们与其他人的关系，更是在特定的社会结构和制度性环境下行动，所有这些，都决定了个人的有目的性的行动的总和，会制造出一种集体性的结果。这个结果，在实践过程中，会因为任何一种或多种因素及其相互关系的改变而改变。我们的研究从来都不奢望可以把握这个过程中所有的变化和因果关系，但我们相信通过不断深入的研究，可以了解和解释这个过程的发生和变化机制，同时也累积着人类认识这个过程的智慧和能力。就我自己而言，我在研究中的追求不过如此。我不认为研究的目的是找到一个答案，能够确证16世纪的社会发展到何种状态，为当时的社会经济发展状态给出一个精确的定义或描画一个宏大的蓝图。这样的认识不是不需要，因为我们往往要借助对时代和社会的评估和认识去确定自己研究分析的限度和理解的空间。但是，我们要清楚这种定义与其说是研究的终点，不如说是研究过程需要借助的工具，因为这些定义及其表述可以在研究中一直流动，而且是因时间、空间的变化而改变，因着研究的问题和探求问题的视角的改变而改变。在我自己的研究过程中，当我确定用一个方法去描述认识的对象是什么的时候，我就在脑袋里马上让它流动起来，因为我很清楚，当把某一特定时刻的认识表达出来之后，自己的思维和认识就已经更新了，新的判断已经在前面等待着你。

当你建立起一种新的确定性，就意味着在你的主观世界里制造了新的时空结构出来，这个时空结构马上就会影响研究者的下一个研究实践。在客体方面也是如此，当历史中的行动者在既定的结构下可以采取某种行为的时候，他就已经创造或改变了自己下一个行为时制约着他行动的那个结构。这个结构一旦成形，他整个的行为就会发生变化。这是一个永无止境的过程，因此，我以为追求普遍性不是我们做研究的目的，很多时候只是在研究或者叙述过程中的一个策略性选择。当我说这个是什么的时候，其实已经隐含着我要说它可能会怎么变。这种认知能力的获得并以这样一种认知能力去建立对历史的认识，也许可以说是以人作为主体的历史研究一个很基本的追求。

在这样一种追求下，人虽然是我们研究的逻辑出发点，但不可忘记的是，这个人，是经历了漫长的历史塑造出来的人，他是社会的人，具有文化的属性，同时也只能在历史制造的时空结构、意识形态、社会关系、文化形态和国家制度下行动，他是一个能动者，他在既有的结构下行动并创造新的结构，我在研究中所追求的，就是去建立对这个结构过程的认识。

我好像越说越抽象了，回到具体一点的话题上吧。我在研究明清时期珠江三角洲社会的时候，不可避免要面对我们走进乡村时随处可见的许许多多的宗族祠堂，于是，在讨论明清时期珠江三角洲乡村社会历史的时候，常常会将视线投向宗族现象，由此我的研究被标签为做宗族研究，很多朋友常常要和我讨论宗族问题。比较常遇到的情况是，话题大多从说明他研究的地方的宗族和珠江三角洲不一样开始。我听到这些指教的时候，当然不能判断是否不一样，但我觉得是否不一样其实对我来说不是一个值得关心的问题。因为只是说不一样，那几乎是不言而喻的，不用讨论我也知道一定不一样，这个世界上根本就没有一模一样的东西，其实，就是在珠江三角洲，甚至在同一个乡村内部，宗族也是不一样的。所以，宗族形态的不一样，这个事实本身不是一个我们要得到的答案。我们期望更多了解的，是在明清时期，在怎样的制度下，通过怎样的机制，经过什么样的过程，宗族或者其他形式的组织在乡村成为一种重要的社会制度，这种社会制度的形成，又如何影响了乡村社会的历史，每一个局部地区存在形态的差异，吸引我们去追寻的，是这个地区经历的历史过程的不同。要建立这样的认识，追求普遍性是没有多少意义的，不是说普遍性在我们的认识中没有任何存在的空间，而是这个普遍性往往是在认知结构的层面通过历史的结构过程去把握的，在研究中常常只是思辨过程中的分析工具而已。

我一再谈到结构，可能会引起质疑，难道结构不是一种普遍性吗，难道结构不是一种具有稳定性甚至僵化性的东西吗？我想分歧也许恰恰出在这一点上。在我的观念里，结构在某种意义上当然具有稳定性，但对于历史学者来说，结构又不是一个僵化的东西。结构的僵化，不是具体体现在这个社会的组成、文化各个因素之间动态的关系上，很多时候只是过程中的一种结果，甚至只是一种观念形态的存在。我有时会觉得奇怪——本来历史学研究应该处理的是过程，但很多时候都过分执着于结构的稳定性，结果引出了很多无谓的争论。

孙　歌：很多是伪命题。

刘志伟：对，老是在争论是什么或不是什么。大家经常执着于谁说出来的那个普遍性表述是正确的。我以为那是没多大意义的。例如 16 世纪的社会是怎样一个社会，在明清史研究中是十分核心的问题，很多学者都会有自己的理解，但是，无论你多么正确清晰地定义了 16 世纪的社会，其实也只是你个人的一种表述而已。那个时候的社会是怎么样的，我们怎样验证？没办法验证，而且一定能够找出无数的反证去证明你的判断错了。这种不能验证的判断，是历史学的宿命。但我也许需要重复一次，我不认为这个说法可以通向虚无主义，恰恰相反，我认为这样才是一个更"实"的历史认识，只不过这个"实"不是像一台机器硬邦邦摆在那里的那种"实"。

孙　歌：我非常理解。你在说相对于静态的史学，这个动态的史学要如何去思考和工作。静态的史学只能追问是还是不是，而且它一定要给这一段历史一个确定的、固定不变的形状，然后把这个东西当成一个结论来说，这确实是静态史学的要害之处。凡是用静态的感觉去处理历史的人，他没有办法解释为什么历史每时每刻都在变，这中间的流动过程是没有办法处理的，因此他就没有办法从历史里面为今天的人类提供营养，因为我们就是生活在一个不断变动的过程当中，我们需要历史学，就是要从里边汲取如何去面对变动，如何去应对变动，如何去介入变动的营养。

刘志伟：而且你要很明白在这变动中间总是有不同的要素的改变或者加入，它是通过一个什么样的机制去影响这个变动的方向、方式或者是变动出来的样貌，是需要历史学家去探究的。我们的研究是要培养这种认识的能力，而不是要找到答案说明朝是怎么样的，因为明朝是怎么样对我们现实是没有意义的，它是怎么样的跟我们有什么关系？

孙　歌：把明朝"杀死"了之后，那个"死"了的明朝的尸体才能"是怎么样"，所谓的盖棺论定……

刘志伟：但是尸体还会腐烂，当验尸官用下定义的方式给出详细的描述的时候，它的腐烂过程已经开始了。

史学研究常常遇到的困境是，要不就追求有一个确定的答案，要不就走向虚无主义。如果你不能给出确定的定义，就会被认为是虚无主义，其实这两者的对立是不存在的。

孙　歌：是同一个立场的两面。

刘志伟：是的。在方法论上，我以为走向虚无主义跟一定要回答"是什么"的追求，其实同出一辙。

孙　歌：对，一直用静态的方式去处理历史的人，面对变动的时候，他一定虚无，因为他没有办法解释了。

刘志伟：历史事实是因着时间、空间的

变化而变化，而且其意义只有在特定的时空中才具有认知价值，这是历史研究不应以追求普遍性的抽象定义为目标的基本理由。除此之外，还有一个历史学研究所面对的处境，就是任何历史学家，都根本不可能得到你研究的那个时代发生的所有事实的全部信息，不要说所有，大部分信息你都是得不到的，我们能够得到的只是一些片段，一些碎片，甚至在绝大多数情况下，都只是非常零星的碎片。可能一些历史学者不愿意接受这个看起来有点残酷的事实，但这是一个毋庸置疑的事实。当我们意识到这些碎片肯定不足以帮助你"真切地"重构事实、再现那个时代的时候，难道只有走向不可知论和虚无主义一条路吗？

可能有人会说，历史学自有一套有效的方法，从零碎的史料中探究真相，再现历史真实。没错，这是历史学要承担的最基本的责任，史学研究最大量的工作也应该放在这里，这也是历史学者需要坚守的自信，从历史碎片中重构历史是历史学者最能够引以自傲的看家本领。但是，在今日的学术潮流下，我们至少要选择的是，历史学者是否只满足充当事实提供者的角色，还是要在史学研究所追求的总体性、综合性解释中对社会科学做出贡献？而且，即使只充当事实提供者，重构事实、叙述事实的时候使用话语系统，学者是否也需要有更多的自觉和自主呢？在这个意义上，我们要承认，历史学者能够重构真相，再现历史，但这个历史真相也一定是变动中的，在这里，历史学者的理性，就不是把事实真相变成宗教，而是把握变化的逻辑思辨能力。无论是叙事还是辨识，我们都要让思想流动起来。我们的研究需要创造的是结构化和再结构化的能力。我所谓的再结构化不是要把一座房子一再地拆了再重建，而是把这个房子本身的建造和改造的过程作为研究的主题，通过房子主人的行为和周边环境变化等引出的种种改变，认识房子自身结构和意义的不断的变化过程，并了解这个过程中持续起作用的复杂机制，关于这座房子的认识才能在我们的观念上成为能够被掌握和思考的知识。

孙　歌：这还牵扯到你刚才谈的第二个问题，就是说，其实你并不否定普遍性的价值，但是我听得出来你对于现有的这种简化的普遍性其实是很不以为然的，所以你用了一个相当激进的说法，我相信其实也未必是你的本意，你激进的说法是我们只关心那个流动的过程，对于僵化的所谓普遍的东西我们不去管它；事实上，我接触到你个人的研究和你们华南研究小组的成果后，我一直在想的一个问题就是，看上去你们是在做一个地域性的研究，但是事实上你们关心的问题不是一个单纯的个别性问题。同时在另一方面，你们讨论的问题本身不能够直接作为一个可以套用的模式复制到其他的地区去。

刘志伟：对，这当然是不可能的。

孙　歌：而且你们拒绝这样做，你们坚持你们的个别性，但同时你们的个别性里边

形而下之理与普遍性想象 | 047

包含了开放性，这个开放性如果用一个我们都不太喜欢的表述的话，那就是一个普遍性的东西。

刘志伟：对，在这个开放性意义上理解的普遍性，我不会拒绝。也许我应该说得清楚一点。我不是要否认普遍性的追求在认知过程中存在的合理性，但在我看来，普遍性的追求与历史认知的关系是倒过来的，在很多历史学者的研究中，努力追寻变化过程，也重视探讨变化的机制，不过这个过程与机制的探讨是用来引出或支持建立一个普遍性解释的。而我认为，历史研究在认识与思辨过程中，需要对普遍性有一种假定，一种研究者自己的把握，甚至将其设定为一种比较精确的模型。但是当我这样做的时候，更多是作为研究过程的不可缺少的环节，或者说是一种前提，我们的认识过程的每个时间截面，都一定要建立在确定性之上，也需要假设这种确定性具有普遍性的意义，没有一个确定的、整体的和结构化的普遍性，就会失去把握那个过程的能力，无法达致在认识上理解变化的目标。就譬如一台机器，虽然这台机器一直在运动，但是它运动的每一刻，都是有一个很确定性的符合普遍性原理的结构，不然那台机器就散了，不能运转了。不过，只是从机器的构造去抽象一个普遍性原理出来，不是探索的目标，我们更需要从机器的运作过程去理解和认知的，是运作机制，因为机器怎样才能运作起来是我们需要掌握的，我们还需要从运作过程中了解结构可能如何发生改变。

我之所以相信对一个局部地区的研究具有普遍性意义，主要是相信这种研究具有方法论上的意义，能够在这些研究中建立或丰富某种一般性的理论，这里也许我可以换一种说法，那就是我相信的"普遍性"是可以有很多很多面向的，如果普遍性可以成为研究的终极追求的话，那么，这种普遍性的面向可以是无限的，是变化无穷的。但这样一来，我们的目标就不是以我的有限经验去论证"是什么"或者"怎么样",因为我很清楚自己只能在有限的经验中去论证,去建立那个我能够一直在动态中把握的东西。这与把普遍性当作研究目标是完全不一样的追求。所以,不是说我拒绝普遍性,问题只是,我们在研究的实践中,只能追求在认知过程中作为前提和工具的普遍性,而不可能追求终极的普遍性,因为那个是上帝的事情,我们凡人是不可能有这个能力的。当然,我们都会很努力去探听上帝的意旨,只是上帝永远不会告诉我们真相。

孙 歌:对。

刘志伟:因此,我相信由个别经验产生的模式,天生地不可能套用到任何地方,如果有人要套用,那就不能够认为它是一种有创造性的学术研究。但是,我们通过个别的研究经验,是可以形成一些解释的、认知的模型,这些解释模型具有认识论和方法论层面的价值,在这个意义上,任何局部的研究,都具有可以开放和推广的价值。

孙　歌：你的这个说法对我非常有启发，就是我们在一个动态过程当中要建立起无数个相对确定的点，但是由于每一个点都不能自足，它一定是在一个动态过程当中作为承前启后这样一个点，它才是确定的，而不是因为它可以抽象出来它就是它，它才是确定的，这是两种不同性格的确定性。

动态当中的确定性，刚好和你所追求的普遍性或者说一般性是相关的，在某种情况下它甚至就可以是一种一般性，可是这个一般性你强调的是它是多样的，它是无数的。我觉得这个非常重要，认为普遍性形态是可以统合的"一"，这样的一种思路作为西方哲学的一个遗产，当然是有价值的，但是我觉得它不能是我们对普遍性感觉的唯一渠道，同时我们还要有另外一种对于普遍性的理解，就是在一个不断变动的过程当中，那些向变动开放的定点，它们构成了一个多样的、多元的普遍性系统，因此它不可直接复制和套用，如果说它有普遍性，它的普遍性意义就在于它可以承前启后，可以在流动性当中为我们提供一种动态的、确认这个过程的环节，用我的话把它还原到思想史里来说，通常这样的定点就是历史的关节点。历史时间不是均质的，它是有浓有淡，有张有弛的，那些最紧张的时间点纠合了各种各样的要素，这就是历史的关节点，这样的点通常是思想史家和历史学家都会去追究的，它是我们讨论的一个相对确定的对象，但同时它的动态性其实又是最高度浓缩的动态的集结点。而特殊的事件，就在这种动态集结的意义上具有了媒介功能，它的不可复制，与它作为一个认识契机提供的普遍性思考，是互为表里的。因此它提供的普遍性认识契机，并不是那种可以抽象出来直接挪用的认识，而是蕴藏在具体事物的个别性之中的可供转换的媒介。它的普遍性价值，就在于这种可以转换的机制。

刘志伟：谈到这点，也许又要回到我们一开始谈的那个问题上，如果我们的历史是以人为主体，那么在方法上，解释逻辑也一定是从人的行为出发，结构只有在人的行动中才有意义。人在历史中总是一个能动者，人的行为必须在既定的结构中进行，同时又改变着结构。在历史研究中，我们总是从人的活动去把握和解释规范其行为的结构，同时我们也要研究人的行为如何改变和创造新的结构。因此，只要把人作为你要研究的历史过程的主体，在流动状态中去把握普遍性就成为不言而喻的了。我们就不会整天纠结在结构应该是怎么样的才是一个正确的表述之类的问题上了。我自己是做制度史研究的，一个做制度史的人也许不应该说我不要普遍性和确定性，如果这么说，不是自己砸自己的饭碗吗！但如果我们研究制度史只是满足或停留在描述某种制度是怎样怎样的，以为那样就了解了制度，那是自欺欺人。的确，很多制度史的研究，都以为能够说清楚某个制度是怎么样的就够了，我以为那不是我们研究制度史应该抱持的态度和目的。很多时候，人们都会明白制度与现实有很大的距离，但我的意思不是从这个层面上说的。我认为，如果我们不是从制度之下人的行为，不是从当时流动的社会现实中去认识制度，就不可避免地要用今天的知识和处境去理解过去的制度。制度的历史情境和实践形态，也只有通过人的行为才能够得到解释，制度史也需要追求形而下之理。

孙　歌：即使是今天的制度，我认为也是说不明白的，因为制度在仅仅是条文的情况下它可以说得清楚，但是当制度进入社会被贯彻的时候，它活动起来，条文就不那么可靠了。制度在贯彻执行中会有"上有政策，下有对策"的现象。这个制度在活动的历史过程当中，它一定要变形，它一定要变化，即使是同时代的我们生活在里面，也是很难非常准确地把这个制度的原型和这个制度的效果看成同一个东西，何况这个效果还在变。

刘志伟：可能还不限于在这个意义上。

所谓"下有对策"我们现在常常会理解为对制度的一个抵制或者是一个偏离。其实"下有对策"也是一种制度适用的方式，在很多情况下，是一种制度的实践机制。研究这个"下有对策"，对于认识和理解这个制度来说，比起解读制度条文更为重要。我们现在从事研究时所说的"制度"，常常是从英文 institution 这个词的意义来理解和使用的，这就意味着可以有两层意义，一是用文字写下的条例、规则，二是惯性化的运作机制和规范化的行为方式。后一层意义可以同前面我们讨论的普遍性联系起来。所谓"对策"，一旦呈现为一种结构性和规范化的方式或运作机制，本身就是一种制度化的东西，或者可以直接视为一种"制度"。这种"制度"可能同文字书写下来的条文规定不同，甚至对立，但对于我们认识历史来说，可能是更重要的"制度"。以我做的明代户籍赋役制度为例，我们都知道《大明会典》《大明律》中的条文规定，与明代历史现实有很大

的距离，但这是无须花多少气力就可以明白
的事实，我不觉得那是我们从事研究的主要
内容。但我绝对不同意把那些条文规定都视
为一纸空文，根本不值得一顾。那些用文字
写下来的规定在整个明代社会运作过程中都
是有意义的，但意义不在于这些条文是否被
直接套用到现实之中，而在于现实中一再从
这些规定出发衍生的种种变通的做法，长久
下来，成为"制度"。也许可以这么说，明
代的制度，是在实践中由法律条文和应付这
些规定的对策之间的互动形成的结构。以我
研究的明代户籍制度为例，户籍制度是明王
朝国家制度最重要的部分，各种形式的法规
条文都有很细致的规定，但这套制度在现
实社会中实行的方式呈现出非常复杂的状
况，从一开始就不是真正按照条文规定来实
行的，后来的实际状况，更是与条文规定有
非常大的区别。这里我不能详细解释，只想
指出，到明朝后期，"户"的形式和内涵都
与法规条文规定相去甚远，实际上是一种

"户头"（account）。共同拥有并利用的一个"户"的社会单位，更是多种多样，可以是某个家庭，或是宗族，或是其他形式的社会组织，甚至可以是相互没有关系的一群人。然而，在国家法规的条文上，户籍制度的条文基本上没有，也不需要做什么修改，甚至清朝都还保留同样的文本规定。要说这些规定成为一纸空文，也是可以的，但实际上运作的"制度"，虽然与条文相比已经相距不啻万里，但仍然是以文本的规定作为法定依据的。有明一代，社会与制度都发生了巨大的变化，但"祖宗之制不可变"仍然是一个大家都认同和遵守的原则，这中间复杂的关系和在社会现实中变化万千的形态，非三言两语可以说清楚。我想说的仅仅是，对明代户籍，如果不是在特定的时间和空间下，从实际的运作状况去把握，是无法真正理解的。这里面当然有普遍性存在，但企图用一套清晰的定义去描述这种普遍性，是很困难的。我们只能提出一种普遍性的观察角度和

理解方式，从而达至对明代户籍制度的变动
与社会转型关系的认识。过去对明代户籍制
度，一般都认为这套制度在明代末年就崩溃
了或者解体了，其实没有，它由于不断调整
实际运作的机制，还很有效地在运作着。所
以问题就不在于制度的条文规定如何清晰，
这只是一个形式上规范的东西，而在于这个
规范是可以以很多不同的方式存在并发挥作
用的。这样也许我们还是又回到所谓普遍性
的话题上，所谓普遍性我觉得也是这么一个
道理。如果不能够明白所谓普遍性必须是在
因时因地的变化中去找到它的确定性的话，
那么这个普遍性就是一个虚假的东西。

诚然，我知道在历史研究的实践中，也
许思想史更明显，大家都很在意去追寻或建
构这个普遍性，努力把普遍性变成一个很确
定、边界很清楚的东西。但在我看来，学者
把普遍性制造出来的同时，普遍性实际上就
成了一种话语，一种实现或证明做自己想做
的事情以及行事方式的合理性的话语，一种

工具性的东西。思想家、知识分子或社会行动者制造了这套话语,这套话语的确需要以普遍性的方式呈现,也一定需要非常强的确定性。不过,做学术研究的人应该清楚,这套话语虽然以学术思想的方式存在,但它本身不是一个学术命题,我们应该把它摆到学术研究对象的位置上。中国历史研究中的很多误区,都是因为把这套话语视为一个学术命题的表述,把研究者自己与研究对象置于同一位置了。

在中国近代历史上,有很多很伟大的思想家,其中一些也具有学者的属性,例如梁启超,有很多著作,讲了很多振聋发聩的道理。今天大家也从学术上会评论说他哪些说对了,哪些说得不对。其实,如果从思想家的角度,对于他们自己来说,他们的学术认识都是对的,因为他们是要通过这些以学术面貌呈现的论述去表达一种思想,一种政治主张。今人在学术研究时去争辩他们哪些说错了哪些说对了,最多只有在作为研究的分析与思维过程中的一种设定才有意义，做出这些判断不应该作为学术研究的目标。例如，毛泽东对中国社会提出过一整套是"怎么样"的论述，包括地主经济、阶级分析、资本主义萌芽等等，有学者要就这些命题做进一步的学术探讨是可以的，但是如果要从今天的新探讨出发去讨论这些认识上形成的革命理论和实践，就不合适了。我们可以把这些论述作为革命话语来研究，但如果要把对这些命题的新认识作为今天研究中国社会的学术目标，那就没有什么意义了。所以，我不觉得我们今天研究中国社会，有必要把焦点放到争论前人是不是错了这样的问题之上，要将这些话语放在它形成和演变的历史过程中去分析。

孙　歌：而是去看这套话语在转化为一个社会动员机制的时候，它有什么样的后果，这是我们要去面对的。

刘志伟：对于我们从事中国传统社会研究而言，很典型的例子是毛泽东《中国革命与中国共产党》中关于中国封建社会和半殖民地半封建社会的那个概括。如果你把这一论述看成一个学术研究的结论，作为我们今天研究中需要对话的理论，那中国传统社会研究就免不了老是在原地转圈，围绕这个结论做修正、补充、诘难，以至于提出相反的结论，看起来很有新意，但实际上仍然是同一个出发点和同一套研究范式下的老路。

这一理论从一开始建立起来，就是一种政治行动的话语系统。我们今天研究它是要找到这套政治话语如何建立，其合理性如何被接受，如何在政治行动中被运用，在这套话语下的政治行动创造了一个什么样的历史过程，在这个历史过程中这套话语系统如何发生改变等等。现在有些人热衷于证明这套论述如何不符合中国社会实际，我不认为是一个很有意义的学术问题。

从人的行为出发的制度史研究

孙　歌：我非常赞成你的这个看法。对政治理论进行的学术研究，不能只是着眼于这个理论本身，甚至也不能只是着眼于它说了什么和怎么说的，还必须着眼于它的现实功能，考察它的正确分析或者虚假分析是如何造成了真实的社会改变，如何引导和动员了社会的潜在能量。因此，可以说在历史学的视野里，正确的政治理论未必总是能有效地产生它所期待的现实结果，而不正确的论述也未必总是导致失败的结局。对于这些状况的分析才是学术工作要解决的任务。

你的著作我读得很有限，把握得不一定准，我觉得你对明清社会转型所进行的制度分析和社会结构分析，是从社会基层单位的角度展开的；社会结构的变化和制度的运作，它的行政体系和货币制度的变化，包括货币本身的变化和货币功能的变化，你把这几个方面的因素放在一起来讨论；明清社会之间从表面上看没变，但是其实它有一个很大的内在调整，在这个调整之中我们看到的却是历史的连续性，你把这样一种很复杂的过程，通过经济制度史的角度来处理，我从中受到非常多的启发。

刘志伟：讲到我自己的研究，我想试试用一种不那么专业的方式来谈。似乎首先还是要回到刚才说过的关于制度史研究的话题。我认为做王朝制度史研究，更需要把所研究的历史的主体从国家转到人，以人的行为作为分析的出发点。然后才可能在人的行为层面上解释制度怎么运作，以及它怎样去形塑一个社会的结构。从人的行为出发，你去理解那些很枯燥的法规条文，才可以活起来。我们面对僵化的规定，头脑里面要出现活的社会场景。思考的逻辑总是在这个制度的条文下，人会怎样去应对，他们可以或者可能怎么样去处理他们的关系，做成他们要做的事情，达到他们的目标。

在做赋税制度研究的时候，我们的出发点，是作为税收来源的产品由每一个生产者或者是产品的控制人所掌握的。这些私人产品，根据何种社会机制，最终成为社会产品，这里面最关键的，是产品的提供者和获取者之间的关系是怎样成立的。在王朝时期，首要的问题是赋税提供者如何成为王朝的编户齐民，然后是这种关系如何得以维系并有效运作，构成维持国家运转的贡赋供应的体系。

在王朝国家的贡赋体系中，产品（物资和劳动力）是以贡赋的方式聚集到国家手上的。这个国家可以是中央政府，可以是地方政府，甚至可能只是社区性的组织。这种关系能够达成，基于个人对王朝国家的身份从属的关系。但这种从属关系，不是天然的，不言而喻的，不是皇帝一登基，臣民就自动聚集在阶下，奉献上属于自己的东西。朱元璋曾经训谕他的臣民说，为吾民者，当知其分，赋税力役出以供上者，是其分也。这套道理，听起来好像是理所当然的，但前提是，他如何能够让人们成为"为吾民者"呢？而且他及其后继者还要有办法绑住这些"民"不要逃脱。事实上，明朝最严重的社会问题，就是"逃民"的问题，可见对于皇帝来说，有多少人愿意成为他的"为吾民者"，不是理所当然的。所以，我们只是从王朝法令中了解人民应该缴纳多少赋税，承担多少差役，用什么方式缴纳，是不能真正明白这个王朝的贡赋体系的，更需要明白的是，这个贡赋体系中的"民"是如何被编制起来，成为所谓的"编户齐民"。把民编制起来的机制，首先是基于一系列的权力和权利的运作，不仅仅是编户与国家之间的权力与权利关系，同时还有基层社会层面的权力与权利关系。这里不可能展开谈。在所有这些关系运作中，最原始的当然是暴力强制和利益交换，这点不言而喻，可以先搁置不论。需要讨论的，是在王朝国家秩序建立起来之后，如何维持这种编户与国家隶属关系的合理性和认受性，也就是王朝对民的统治的合法性，才是从人的行为出发去理解国家运作机制的一个长期性的关键问题。

王朝国家通过暴力控制了一大批编户齐民之后，要绑住这些编户向其纳粮当差，首先是要劝课农桑（要提醒的是，王朝时期的劝课农桑，在性质上，不是今天人们所说的发展农业生产，而是一种强制当差的政策），然后，为了避免竭泽而渔，要努力轻徭薄赋，但这个目标总是会逐渐远离，赋役负担总是趋于加重。于是，在各级政府能够着力调整政策的地方，长期持续并且经常性的努力，就主要在如何均平负担上着眼了。

要将自己手上的东西拿出来，其实每个人都是不愿意的，王朝国家要编户纳粮当差，当然是强制性的，但强制性之下，编户的忍受度，其张力往往同均平原则相联系。

因为在王朝国家层面上确定的负担，在平均值上，一般是以能够维持编户生存为原则的。但如果到基层运作的时候，不能以均平的原则分派负担，就有人面临生存危机，唯有选择逃亡。所以，如何实现均平，成为王朝国家处理赋役问题的一个基本原则，各级官员孜孜以求的一种行政目标，长此以往，在官民中形成一种共同的价值准则。在这里面，在研究中必须把舞弊现象搁置起来。因为把舞弊这种无序的现象考虑进来，运作原则和机制的分析就无从进行，从皇帝、朝廷一直到州县官员，他们要保证这个赋役能够正常地征收起来，就一定要用各种办法去实现均平原则。

那么怎样才叫作均平，如何才能做到平均呢？这就牵涉制度如何设计以及制度的设计怎么样能够实现或者不能够实现的问题。首先是怎样方叫作均平？最直接的就是每个人都有同样的负担。但是，实际上每个人负担一样不见得就是均平，因为每个人的负担能力是不一样的，根据负担能力的差别而承担不同的责任，才是均平，即朱元璋说的，根据人丁多寡、产业厚薄以均适其力。明代的均平原则是按人丁事产来分担的原则。

另外一个影响实现均平方式的条件和因素，也很重要，就是社会的财富流动和再分配以什么样的方式实现？在明初的时候，基本上是以实物的方式。明朝整个国家的财政、国家机器的运转方式跟现在不一样。今天是要做一个预算，能够开支多少钱，用在哪些地方，都可以先做预算，然后根据预算把钱分配到不同的用途。但是在社会财富交换流转与再分配是通过实物方式实现的时候，就不可能用这样的方式了。

以实物为交换手段有几个问题，一是在非市场经济的条件下，实物的价值只是一种使用价值，这种价值是不可比的，同一个实物在不同的时间空间，不同的场合一定是不均值的，如果这个实物在广义上包括劳动力的话，更是不可能均值，也就是说，这个均值化需要包括空间的也包括时间的均值化。在这种可以称为实物经济的社会里，贡赋负担的平均化怎么实现，自然根据一套我们今天在市场经济环境下不熟悉的原则和办法去做，解释起来比较复杂，明朝初年朱元璋建立起来的那套制度在性质上是在实物经济下实现均平的办法。

我们今天习惯简单地用现代社会的经验，把王朝时期的国家跟编户的关系理解为纳税人与国家的关系，把田赋理解为财产税，把役理解为人头税。其实王朝时期的赋役与财产税、人头税的赋税体制在结构上有根本的区别。王朝的贡赋体系，只是"民"对君主承担的当差的责任。这套制度的运作，要实现均平的目标，需要比较复杂的机制，我在这里比较难详细解释。明代人说在明初的时候是"事简里均"。这个"里"是里甲的"里"，所谓"里均"，就是里甲体系下承担赋役单位的承担能力比较平均。也就是说，那时实现"均平"原则的方式，是通过提供赋役单位的承担能力平均化，然后再平均分配承担应当差役责任的时间来实现的。这样实现的平均当然会有很大的差别空间，所以，只能在所谓"事简"，即国家需求不大的情况下，把因为其他因素造成的不均程度限制在比较小的范围。但是这种状况是不可能长期维持的，各级官员的贪欲和政府运作的成本越来越大，作为承担赋役单位的里甲的负担能力越来越不平均。在负担能力不平均的情况下怎么实现均平？开始的时候是轮流，你去当值三天，我去当值十天来体现这个差别。但是马上碰到的问题就是，你三天很可能要给他的东西很多，你要付出的很多，我这十天刚好官员出差了，我所给付的东西并不多。类似这样的情况，带来的现实，就是在以实物方式供应的贡赋体系运作中，均平是一个需要持续地通过不同措施来解决的问题，而且会不断出现一系列新的问题。所以在整个明朝你一直看到的就是州县官要一而再、再而三出台不同的办法去维持一种叫作"均平"的状况。这些办法虽然形式各异，不过，在明代归根到底都朝着同一个方向，这个方向，可以说是偶然巧合，也可以说是必然趋势，都是与社会经济的市场化和货币经济的发展相配合着的。

市场经济和货币经济本身就是在产品的转移和再分配的过程中产生出来的，与实物相比，货币在交换中具有更大的灵活性，而且由于货币本身是一种均值的计量方式，通过货币，价值可以计算，更可以达至分配的合理化，在市场经济和货币计算、支付方式下，"平均"才是一种真正可能实现的目标。

朝着市场化和货币化的方向所进行的改革，跟明朝政治的一个基本原则——"祖宗之制"不可避免地有所冲突，所以，尽管货币的使用早已背离了朱元璋的设计，但没有人会去修改条文上规定的制度，只能在朱元璋制定的那套制度下，想出各种各样的办法去实现"均平"的目标，这些办法都离不开将货币引入贡赋领域，都导向同一个方向，即通过货币方式实现财富的再分配和流转这一基本手段。货币进入贡赋领域，带来了很多的便利，当然也带来了很多的麻烦。便利是提供了真正实现负担平均化的稳定方式，麻烦是为贪污中饱打开了更大的空间。不过，由于货币的使用比较能够接近"均平"的目标，所以成为所有要做出改革的官员的共同选择。而我们关心的不在这些利弊得失，我们更重视的是，货币如何改变了生产者或产品拥有者跟国家或政府的关系，在以货币作为支付手段的条件下，在贡赋体系中体现的编户与王朝之间的关系发生了根本的改变。

我那本讨论明清时期广东地区户籍赋役制度的小书，要探讨的是这个变化如何达成的机制。我本来还应该有下一本书，就是要讨论这个变化制造了一个什么样的新的制度空间，造成了社会结构变动的各种各样的可能性。明清赋役制度的研究，习惯用从人头税到土地税、实物税到货币税的转化这种角度去讨论，但未能很深入地说明这样的变化究竟对社会生活以及对社会关系、人跟国家的关系等种种动态关系来说究竟具有怎样的意义，其中机制如何，只能很抽象地说货币税就意味着商品经济在发展，而商品经济发展意味着社会的进步。这套说法表面上看很形而下，其实是很形而上的，因为它落实不到人的行为的层面，不能从人的活动的层面上，跟我们在乡村看到的很多社会组织、社会关系的变化联结起来。比如说，宗族的发展跟赋役制度有什么关系，现在常见的说法是没办法在内在逻辑上进行解释的。但那正是我要努力做出解释的。我认为，在明初的实物贡赋体制下，在编派差役的时候，不同的社会单位是很难在同一个"户"下承担的。因为在同一个户下如果有不同的实体，那由谁亲身应役是一个难题，当然，我们也看到有用"帮贴"的方式来解决的，但在"帮贴"的情况下，负担如何分配，如果没有用货币的方式，是很难处理的。更何况，在亲身应役的时候，实际负担的轻重是无法预算的。但当贡赋负担可以用货币计算，可以直接按一定比例缴纳，甚至摊派到土地时，同一个户下的负担就可以分配到户内不同的单位下了。这样一来，户就可以在性质上脱离家庭或特定的社会单位，变成一个纳税户口，同一纳税户口就可以由很多不同的实体根据不同的原则来共同支配并分担其中的纳税责任。近年来，有学者研究宗族史，注意到清初一些地方的"粮户归宗"措施与地方宗族发展的关系，要理解粮户归宗，就需要首先明白明代户籍制度这一在原理意义上的转变。清代，特别是 18、19 世纪以后很多的变化，都需要在这个新的制度架构下面才能够理解。特别是台湾的土地赋役制度，我们都很清楚它与大陆有很大的差别，形成这些差别有很多方面的原因，其中一个就是台湾的制度不是从明朝制度直接演变出来，而是在本地惯行的基础上在清朝新的制度框架下形成的。因此，我们研究制度史，不在于解释制度的条文和不同概念之间的关系，而在于去理解它实际上发生了什么。

孙　歌：这个例子非常有代表性。我觉得你对于制度史的这个讨论揭示了从人的角度阐释历史的具体过程，也解释了国家视角为什么不能有效分析制度形态，很有说服力。特别是你把舞弊这种非制度因素与制度运作加以区分，在这样的视野里讨论追求均平的制度运作机制与官员的贪腐之间的张力关系，提供了很饱满的历史分析可能性，这是很重要的。这样的视野对于避免在浮浅的道德层面讨论制度问题很有帮助，也避免了那种无视各种非常规的负面效应而仅仅局限于制度条文的做法。所以，这在思想史上也是非常重要的命题。均平的逻辑在现实层面它不可能充分地实现，但是这个逻辑从来没有断过。尽管背负着各种舞弊和贪腐的积习，但是均平作为制度运作的目标却真实存在，一直到今天。中国人对平均的诉求，事实上是市场经济充分发达的西方人没有办法理解的。

刘志伟：对。中国人传统观念中的"平均"跟近代的"平均"有很不相同的意义，其中关键一点，就是要理解不是在一个市场经济背景下的"平均"，它与在市场经济背景下可以用货币计算价值的情况下的"平均"，无论是内涵还是实现方式，都很不一样。还有，承认人有差异，以人的差异为前提的"平均"，与假定人人平等的"平均"，也是有本质的不同的。明代赋役制度所追求的"平均"，就是一个可以帮助我们理解中国的"平均"理念的例子，同时，由于明代赋役征派方式一直在变，必然要带来"平均"的内在意义的演变。

孙　歌：对。

刘志伟：为什么我强调明代的赋税不是财产税，也不是人头税，因为近代的财产税和人头税都是基于人与人之间没有差异，税收负担也都可以有同样的价值尺度来计算才可能。而明代的赋役，所谓"纳粮当差"，其实是基于人的差异，基于赋役负担不能用同样的价值尺度来计算的。即使到一条鞭法以后，表面看朝着财产税和人头税前进了一大步，但每个赋税单位"丁粮"的核定，还是体现了差异，而不是平等。因此，虽然都是把平均作为一种基本价值追求，但伴随着平均的内涵以及实现方式的改变，这种价值追求背后的社会和政治理论实际上也在变化中。

在目前阶段，一个合理化的社会财富再分配机制，只能在中国文化传统下追求合理化，而不是在现代西方观念下追求合理化。当前我们很多问题的症结，也许也是出在了这里。我不知道对上述问题的思考能不能通到思想史的研究。

孙　歌：能通到。

刘志伟：就内容来说，明代的一条鞭法，可以说是一种费改税的改革，不过，把这种费改税与我们政治理想中那种对现代理性的追求联系起来思考，以为是朝着国家体制理性化方向靠近，就未免把问题简单化了。一条鞭法的出发点是赋役负担合理化，这个合理化的价值追求是"均平"，但在中国传统王朝体制下，"均平"的原则与近代的平均理念其实有一些深层次的差别。在社会结构、国家体制和社会理念都没有改变的情况下，一条鞭法其实并不能真正改变深层的结构。不但如此，在明代历史中，我们看到一条鞭法可以在既有的结构下，通过白银货币手段实现"均平"的目标，这样就不但没有导致结构的真正改变，反而使深层次的结构更为稳固了。从这个意义上，白银货币给中国社会带来的是革命性的转变，还是令中国社会原有的结构更为稳固，是一个可以反思的问题。当然，我们这样想问题的时候，实际上回到我们年轻时所抱持的革命知识分子的立场上了，那时我们整天思考的问题，是中国历史为什么总是走不出自己的近代化道路，那时，我们把这个问题叫作"中国封建社会长期延续"问题。

孙　歌： 亚细亚生产方式还是什么？

刘志伟： 亚细亚生产方式是其中的一种理论解释，还有很多种解释的理论，例如地主制经济结构、超稳定结构、弹性结构等等。所有这些理论，都是基于一个基本判断，就是"长期延续"。这是大家公认的一个判断。假如我们先回到那样一个命题上去，我基本上认为"长期延续"的一个罪魁祸首就是白银进入王朝国家贡赋体系，使得本来面临困境，甚至正在崩溃中的结构，获得了新的机会延续下去。我们看到，明中期之后，社会也好，思想也好，原来的王朝秩序都呈现要瓦解的趋势。但是因为白银进入国家运作系统，本来趋于瓦解的社会获得了一种在新的机制下延续的条件。白银固然改变了运作的方式，但它留住了一些更深层的结构性，包括刚才说的"平均"的理念、官僚体制的架构以及社会文化的价值体系，在实物财政运作中面临危机的很多东西都因为危机解决而保留了下来，甚至根本不需要去动。

其实，一个社会不是说一定要整天革命、整天变动的，如果能够维持它基本的社会价值目标，那它就不需要去变动。所以我是比较重视"平均"这个理念的，因为平均的理念会成为处理很多事情的一种价值追求。真正的平均，永远都做不到，但是大家总是以为用各种办法是可以实现的。明代中期以后，就是因为有了白银的运用，实现"均平"的机制似乎有了新的可能。在这样一种情况下，我们看到明清时期一方面国家与社会都在发生转型，另一方面又可以看到深层结构稳定下来了。于是，我们看到导致明朝解体的因素，反而成了一种维持清朝稳定的东西。即使到了清朝后期，清朝垮台了，基层社会的结构也没有真正马上垮掉，而是在这样的一种基础上建立起民国。

孙　歌：对。你谈的这个问题正好是我想要跟你讨论的。你刚才讲到几个非常重要的点。一个点是说事实上在中国，从局部上看具备了瓦解传统王朝形态的要素。你虽然没有这样表述，我想试着这样整理，因为自清代以来，以白银为支撑的王朝的经济体系，它给了地方以足够大的生长空间。所以市场经济也出来了，地方的武装力量也出来了。国家的统治、专制并不直接进入基层，而是由乡绅或者是民间的力量进行转化或者利用……

刘志伟：这句话的表述也许需要斟酌，我不认为清朝的国家统治不直接进入基层，事实上，即使是国家行政系统，也并非如一些学者所说只是到州县，州县以下，在一些地方还有巡检司一类机构，还有塘汛一类建置，也直接是国家控制地方的机构，即使不论这类直接属于国家机构的设置，在乡村社会中也有很多的基层组织，虽然不属于国家行政系统，却是国家统治的基层组织。我以为通过这些政府的或民间的组织，清朝国家的统治非常深入地渗透到了基层，说王朝国家不深入基层，是不符合事实的。

孙　歌： 我觉得这很难说它是直接进入的，可以说是间接的吗？

刘志伟： 不，我认为是很直接的，比明朝还要直接得多。这一点可能我跟很多人的认识不一样。清代的国家权力，在非常普遍的范围里，深入最基层并深入一般人的生活层面，超越了任何一个时代。

孙　歌： 但是这个进入，从思想史的角度看，就有一个怎么去解读类似于黄宗羲、顾炎武这些人的论述的问题。

刘志伟： 这个问题也许是我要面对的，不过我还没有想清楚。我现在马上想到的，是黄宗羲、顾炎武的那一类的论述，似乎没有在后来的历史发展中表现出有多少直接的影响，或者说清朝的历史没有跟着他们思想的脉络发展。不管是正面还是负面，好像没有往他们思想的方向发展。我这种感觉真的没有认真研究过，但我觉得他们的思想形成还是在明朝制度下的一些想法、一些焦虑、一些设想，清朝政治与社会的发展与明朝有很不相同的脉络。

孙　歌：但是这里面有一个分寸感的问题。比如说清末，对于黄宗羲，就说他是"中国的卢梭"。但是其实他不是。因为黄宗羲反对具体的皇帝，并不反皇权。在这一点上我觉得你的那个说法是成立的。就是说乡村的地主阶层，或者说所谓的乡绅，或者说基层的士大夫阶层，他和王朝的统治并不形成对抗关系。但是它也不是一个简单的共谋关系。实际上从明末清初这样一个转型之后历经清朝，这有一个为什么到了清末会发生辛亥革命、为什么辛亥革命会以那样的形态发生的问题。这个恐怕就和像黄宗羲、顾炎武他们对于王朝和天下的那样一种关系的认知有内在的相关性。所以他们实际上是要搁置朝廷，不是要推翻乃至取代朝廷。但是他们要保护的是富民阶层、地主阶层、乡绅阶层的利益。因此他们要充实乡村这一空间里面的实力。如果这样的一个论述可以成立的话，那么，确实接下来的问题就是你谈的那个问题。就是说实际上清王朝在客观上看是配合了这样的要求，所以就不需要再出现黄宗羲了。

刘志伟：讨论到思想史的层面，我就没有多少把握了。不过，你把话题引到这里，我觉得是很重要的。我们对历史上的社会结构的解释，的确需要在当时人的思想中，找到在逻辑上可以连接起来的契合点，毕竟当时人的感受和思想与他们的社会存在有着某种必然的关系。这点也许是我们做社会史的人需要很认真去面对的。希望以后我能够向你请教，然后再深入一点思考。

"中心"与"边缘"

孙　歌：好，我们可不可以进入第三个话题？就是开放你们的华南研究，让它提供更多原理性的要素。我想先请教你关于中心和边缘问题的想法。

刘志伟：中心－边缘这个问题其实还是要从我们前面讨论的历史主体问题出发，历史的主体是国家的话，那个中心－边缘的关系就可以是很清楚的。例如我们看滨下武志先生讨论中国朝贡体系时用来表达中国王朝统治关系的那个同心圆的图，当然是一个以国家为主体的体系，就非常明确地以王朝的"中央"为核心。如果我们要讨论的是一个以国家作为历史主体的政治秩序，这个模型就是非常有效的一种中心－边缘的表达，这里讲的是一种国家的秩序。

但是，我们如果要从一个以人为历史主体的角度，这个中心－边缘就要随着人的活动和我们作为观察者提出问题的角度和方式而改变。比如说，我如果以华南沿海的海上世界的人群为中心，从这个海上世界的人的活动来解释这个地区的历史，恐怕就要以南海或东南亚地区作为中心了。我讨论到如何理解华南沿海地区的历史文化的话题时，常常喜欢用东亚和东南亚的地图来简单地表达这种视角区别。我在图上画两个圈，一个以西安为中心，另一个以南沙群岛为中心。前者是王朝国家中心的统治范围，后者是环南海地区人群活动的空间。我们不仅可以分别以两个圆圈的圆心为"中心"，也可以在两个圆圈的重叠之处定义"中心"——王朝国家体系与海上世界交接的中心。

这只是一种表示中心－边缘可以多元化的简单显示，实际上，这种方式表达的只是一种多中心的理解，还并不是我真正的想法。中心－边缘的模型，与其说是多元的，还不如说是流动的，是随着你研究的问题，或你研究的行为主体的改变而改变的。

历来史学有一个很强的叙述传统，就是以文明中心（尼罗河流域、两河流域、印度河流域、黄河流域）的观念去建立历史体系，这是一套我们大家都最为熟悉的历史叙事，近数十年来，随着对很多原来被视为非中心地区的历史研究的深入，一些学者不断提出新的人类文明史中心的说法。不过，这仍然是一种以文明中心去展开历史叙述的方法。但是我更倾向于随着问题的转移采用不同的中心－边缘视角。例如，如果我们要建立岭南地区的历史体系，既可从传统地方历史的视角，以中央王朝国家为中心，讲述一个王朝国家边缘地区的历史，也可以中国王朝统治圈与南海人群活动圈的交叠处为中心，把王朝国家和南海地区都视为边缘去建构另一种本地的历史叙述；同样，如果我们要构建环南海地区人群的海洋活动史，那么，南海就成为中心，而南海周边的国家都是这个历史体系的边缘；再进一步扩展开来看，人们也可以把中南半岛、马来半岛、南洋群岛、吕宋岛等，每一个点作为一个中心，在以这些点为中心建立的历史叙述中，历来中国历史叙述的中心地——黄河或长江流域自然就成为边缘了。

另外，中心 - 边缘的设定，还会因为研究范畴的不同而改变。研究朝贡体系，当然是以中国的朝廷为中心；但是，在一个全球史的视野下来研究中国的朝贡体系，从某种角度看，吕宋也可以是一个中心；而要是从中国的市场经济体系的角度去看，这个中心也可以转移到江南。从文化史的角度，佛教世界和伊斯兰世界的中心 - 边缘结构毫无疑问是不同的，虽然在空间上可以有很大的重叠。不同的人，从不同的角度，用不同的眼光，建立出不同的中心 - 边缘结构，表达的世界秩序，自然是不一样的。只要我们从人的活动去解释历史结构，从不同的人的不同的活动，提出不同的问题，采用不同的视角，中心－边缘就不可能只有一种模式。

所以，你只要走出了以国家为历史主体的成见，怎样去建立中心－边缘模型就是一个不需要争议的问题。当然，更彻底的，是放弃中心－边缘的历史叙述结构，把中心－边缘的构想作为一种历史解释的工具与叙事方式。

孙　歌：你说的中心和边缘这样的一种分类的形式，里边是不包含孰优孰劣、孰强孰弱的价值判断吧？

刘志伟：在一般意义上，这是肯定的。但是，我们讨论中心－边缘问题的时候，常常要面对的，是我们研究对象的认知和价值取向，对于他们来说，当然有孰优孰劣的价值判断，这样，当我们从他们的角度去建立历史叙述的时候，免不了要用看起来有价值取向的表述。例如那群在南海上驾着船到处跑的人，做生意也好，做海盗也好，他们的孰优孰劣判断就与陆地上奉皇帝为正统的人不同。我们以这群人为中心建立的历史叙述，看起来就会把以王朝国家为中心的政治体系视为"劣"；同样地，从王朝国家出发的历史叙述，总是把这群人为中心的世界称为"海盗倭寇""贩私无赖"，当然是"劣"的。在鸦片战争的时候，广东沿海的百姓在清朝的文件中多以"汉奸"的形象出现，我们今天很多历史学者，也不免跟随这种王朝中心的价值判断；不过，在沿海百姓心目中，最坏的坏蛋就是清朝的军队和官员，在他们的世界里，清王朝才是边缘的。于是，我们在讲述这些人群的历史的时候，就很难不会表现出看起来倾向于以他们为中心的表述。尽管我们理性上追求"中立"，但事实上，历史叙述总是很难掩藏住个人的价值判断或倾向的，因为历史学本质上还是一个人文学科。

孙　歌：你表述这样的一些历史过程的时候，我完全同意你画一个圈域，在地理位置上它有中心有边缘，这个中心边缘的划定，在空间位置的意义上跟价值判断没有关系。可是人这个主体进入这个活动区域之后，他会产生一系列的价值判断。这个价值判断就跟地理位置未必一致了，比如说朝廷派人来了，朝廷在这个区域里面，在地理空间上它是在边缘的地方，它不在这个区域内部。

刘志伟：我们讲的中心－边缘结构，可以通过空间来表达或呈现，但实质上，那不是一种物理上的空间格局，是由人的活动形成的一种权力关系和交往空间。朝廷派来的人，到了位于地理上边缘的空间，他仍然是"中心"。

孙　歌：不过我们也许可以先不讨论这些概念，我提这个问题是因为所谓中心和边缘的结构图积累了这么多年以后，形成了一个固定的价值判断，就是中心一定是强势的，边缘一定是弱势的，所以才有要对抗中心，让边缘的位置能够从强权和压力之下解脱出来的论述。而且这个论述在逻辑上其实是越走越窄的，因为很多批判性话语都以边缘自居，以边缘自居就是为了反中心，可是走到最后发现，所有的边缘叙述，由于过于把自己设定在和中心对抗的那个位置上，它其实完全是在复制中心的逻辑了。

刘志伟：你说得很对！有关中心-边缘的理解成了一个模式之后，它当然会影响人们怎么去看他们之间发生关系的方式，每个人都可能有一个自己相对于中心的定位。并且以他接受的这个模式去理解自己与其他主体的关系。在既有的模式下被界定为边缘的人，往往以一种更加强化自己边缘的立场的方式去表达自己与中心的关系，这可以理解为他仍然是在他所反抗的中心-边缘模式下的表达，但也可以理解为他已经在把中心边缘化，当被统治者以这样的方式来反叛国家权力的时候，实质上就把自己中心化了，只是他的表达方式仍然是用他所反抗的那个"中心-边缘"模式的话语。我不久前在台湾历史博物馆的平埔人展览中看到一个平埔人运动的口号,叫"甘愿做番"。在汉字中,"番"毫无疑问是一个边缘范畴,但当平埔人说出这句口号的时候,其实就把自己中心化了。我想这个是非常普遍的情况。人们要表达反叛自己身处的"中心-边缘"模式时,总是以复制中心的逻辑来表达的。在这个口号中,"番"字还是边缘,但是成为一句要改变现状的口号时,就把"番"中心化了,这在历史的认识里面,应该理解为一种挺常态化的表达方式。

孙　歌:"甘愿做番",如果在现有的中心-边缘的价值系统中来理解的话,可以有两种理解方式,一种是反向利用中心的评价系统,把本来属于弱势的边缘反过来作为自我确认的立脚点,我想这大概是你所说的把"番"中心化的意思。这种"中心化"带有"去中心化"的色彩,因为它脱离了原有的评价系统,脱离了中心。另一种理解方式,就是在确认了"番"的价值之后,以自我为中心重新建立中心-边缘的秩序,比如把不是"番"的部分，也包括中心，都视为边缘。这两种理解都对反抗中心进行了肯定，但是肯定的方向不同。我想就第一种情况，就是通过反向利用中心的评价系统完成"去中心化"的情况做一点补充。这种情况我在冲绳观察到了。最近中日关系紧张、美军基地的问题激化了之后，有人认为冲绳应该独立，但是我到冲绳后，无论是问冲绳的那些社会活动家、代表性的知识分子，还是问普通的冲绳老百姓，冲绳现在应该推动独立运动吗，我问到的所有人都说这是非常缺少现实判断力的说法。而且一个基本的事实是，在冲绳一直到今天没有任何一个政治家会把冲绳独立作为自己竞选的口号，因为老百姓是不支持的。但是要因此认为冲绳百姓很热爱日本，那也不是事实。

现在冲绳也有推动冲绳独立的社会运动团体，但是这个团体真实的功能，仅仅是用这样的形式传达冲绳人的感情，而这个感情不一定会直接变成现实运动；可是我觉得最有意思的是冲绳有一些思想人物，会在这样的基础上生产他们自己的思想产品。比如说20 世纪 80 年代的时候，冲绳有一个很著名的文本叫作《琉球共和社会宪法草案》，以宪法草案的形式起草，作者是一个诗人，叫川满信一，他并不是法学家，所以这个看上去很像是宪法的文本其实是一个思想性的作品。同时，还有另外一个法学家起草了一个作为法律文件确实可以成立的文本，叫作《琉球共和国宪法》，这两个文本都是 80 年代冲绳社会反日、反美的产物，但是非常有意思的是，那个法学家起草的宪法到现在不太有人提及，而这个《琉球共和社会宪法草案》一直到今天还不断有人讨论，可是这个文本的核心理念恰恰是反独立的，反独立并不是说跟着日本走，它实际上跳脱了是做日本还是做冲绳这样一个二元对立的思路，因为川满有一个说法，他说即使冲绳独立，也不过是再造一个"小号的日本"出来，因为你仍然要模仿日本把自己变成一个民族国家，他说我们不要做这样的事情，我们要做的是突破现有的这种对于民族国家的想象，只有这样我们才能真实地平等。

我觉得这个例子里边暗含了另外一种和你说的"甘愿做番"这样一个策略并不矛盾的策略，"甘愿做番"真的是一种策略，就是它把中心边缘化之后，让自己重新处在一个中心位置的时候，它把原来的那个中心排除掉，它不受制于原来的中心，所以你说它把自己变成中心也是可以的，不过加上个注解，就是我更愿意在刚才说的第一种方向上，也就是反向利用"中心"观念来理解这种"去中心"的性质。《琉球共和社会宪法草案》是个"去中心化"的好例子，它的设想根本不是要再制造一个共和国，而是说所有的国家，只要是国家，它都遵循中心－边缘这样的层级式结构原理。为了突破这个结构原理，就不要这样的国家，当然你可以说它是一个乌托邦，但是这样的乌托邦作为思想的产物，它其实是非常有现实性的。

今天很多争论的命题，最大的症结就是你在我们对谈一开头批评的那种把历史静态化的问题。我还有一个问题特别想跟你讨论，事实上你们的华南研究现在已经把这个问题引出来了——基层社会有自己的组织形态，而且这个组织结构在运作时，实际上是通过人这个主体把国家纳入基层的运作机能中来，也就是说国家是一种为他所用的要素。我推测在你的论述逻辑里，这样的一个基本状况，使得我们对国家的一般设定转化出了另一种功能。如果我的推论没有错的话，我非常希望知道，你们的这个经验研究里边有没有进一步深化这个问题的可能性，因为在你目前的这个论述里，非常有吸引力的部分是，当你们说华南的经验它是个别的，并不想把这一部分的经验研究直接套到其他的地区去时，这种个别的经验我们仍然认为，它并不是今天知识界主流所想象的那种所谓的区域。区域因为被设想为整体里的一个局部，因此呢，我们说它在表象上是一个区域，是整体里的一个局部，但是同时，我们又说对它的研究并不是一个区域研究，我觉得这中间还有一些原理性的问题需要讨论。

局部与整体

刘志伟：对，先回应一下你后面这几句话，这个核心的问题是，我们研究一个区域也好，一个社区也好，它当然是整体的一个局部。

孙　歌：对。

刘志伟：但是我们之所以把它看成一个研究单位，首先不是因为它是整体的局部，而首先是因为它本身就是一个整体。我们的研究单位可以小到一个人，一个家庭，一个村子，一个地区，一个跨国的区域，或者一个国家，都一样是整体。我们设定一个研究的单位，在设定这个研究单位的边界的时候，首先是要把这个单位看成一个整体。我们将其作为一个研究单位，首先是因为它具有整体性，而不是因为它是更大的整体的局部。如果首先是因为它是更大整体的局部的话，我的研究单位就应该是那个更大的整体。当然，在确定其具有整体性之后，我们不会忘记它也是一个更大的整体的局部这个属性。这是我们以整体史的立场从事区域研究最基本的理念。

当然，我不否认将研究对象设定为更大整体的局部的认识价值，不否认我们有透过局部去认识整体的研究的合理性，但这只是一种研究的策略。任何一个作为研究对象的单位，首先都是基于整体性来设定的。如何从人的活动出发去认识不同层次的整体，可以随着我们研究的问题意识、提出问题的角度和解答问题的路径的不同来改变。从一个社区到一个国家，再到一个像东亚，东南亚乃至亚太地区这样一些大的区域，都是如此。当我们设定不同规模、不同层次的区域作为研究的单位时，我们整个研究的视野、视角和路径都可以改变；或者倒过来说，随着研究视角和提出问题的改变，研究单位的整体性也要改变。当我要回答中国整体是一个什么样子的时候，我必须把全中国，包括新疆、黑龙江、内蒙古、西藏都纳入我的视野。这个时候，华南或珠江三角洲，就只是中国这个整体的局部，我不会指望把这个局部做大成为一个关于整体的表述。但是，当我把华南或珠江三角洲，甚至小到一个乡村作为一个整体来研究的时候，我要寻求的，是怎么样从人的行为和交往关系出发，去理解这个整体。

在这个立场上，我也许可以回到你刚才的话前半部分提出的问题，就是在一个地方，或者一个乡村、一个社区中，国家在什么位置？在那些规模比国家小的研究单位里，国家不只是一种外在的政治权力，也内在于这个整体中，或者可以说，国家是这个整体的结构中的一部分。因此，我们的研究所关心的其中一个问题，就是国家在乡村社会中以怎样的方式存在和表达。这个国家可以体现为具体的政治与权力关系，也可以体现为法律和习惯，也可以体现为在这个整体中人们行为（尤其是仪式）及其所表达的观念意识形态。这些东西在我看来都是一种国家存在，是这样一个整体结构的有机部分。

在这个意义上，我不太接受近年来一些学者不时会提到的所谓"国家与社会"的理论。这个"理论"的基本出发点，是把国家和社会看成两个不同的对象，虽然都会说研究的是他们之间如何互动和渗透，但前提都是将其视为对立的实体。其实，在传统中国，王朝国家与社会并不是分离的，更不是对立的。或者可以直接地说，在中国的王朝统治下，不存在一个我们在近代欧洲看到的那种与国家对立的社会。由于没有合适的概念，我们在讨论中国王朝历史时，也不得不借用"社会"这个概念，但重要的一点，是必须认识到这个社会是王朝体系的一部分，其中当然包括很多所谓"民间"的东西，不同群体也有不同的价值追求，有不同

的利益，有不同的欲望，有不同的观念，有
不同的对世界和秩序的想象，但其基本的构
成，还是在一套国家秩序之中的构造。至于
在王朝时期，还有很多逃离国家的人群，即
在王朝体系中被称为化外之民的人，他们有
自己的社会组织和权力系统，那是王朝国家
以外的世界，这个世界的存在及与王朝国家
的关系，是王朝体系内外的关系，也不是所
谓"国家与社会"的结构。所以，要理解王
朝的国家秩序，不能只到紫禁城里边去找，
它就存在于百姓的世界中，在人们的日常生
活当中。我们研究小规模的地区，研究民间
下层的社会，当然一方面对我们理解作为整
体和政治实体的国家是有帮助的，但不是因
为我研究的对象有所谓的典型性，而是因为
我在地方和民间社会的研究中，可以看到国
家的权力、国家的秩序、国家的观念，也就
是国家存在的方式。我们相信这样的研究能
够发展出认识国家的一种方法，或者一种思
路，甚至是建立某种具有范式性意义的研究

逻辑。

根据这样一种理解，我要了解国家，就要去看很多不同地方，要透析很多小的社区。我们在不同的地方研究的经验，是不能推广到另一个地方的，因为一切都随时空的不同而改变。通过研究不同的地方，我可以理解"国家"在不同的时间、空间里的存在和表达方式。每一个地方，都可以跟我做过很细致研究的地方很不相同，当然也可能有一些相同之处。但是这种相同，很多情况下其实是一种假象，因为所有的东西都需要置于其整体去理解和解释，在这样一种整体的关系上，看似相同的东西实际上也是不同的。谈到这一层，似乎可以回到你讲的形而下之理上面了。

我们从事区域研究，也可以说是为了理解国家，但这种理解的方式不是从许多地方的特点中提取其共性，而是随着我们研究的地区的增加，我们对这个国家整体的了解，可以不断地丰富和完善起来。这是一个无止境的过程，因为不同的地方的多样性可以是无限的。而且，即使你有可能把全部地区都研究一遍，但等你都研究一遍了，好多新的变化又发生了。因此，我们不会期望研究了很多地区之后，将这些地区相加，或求得一个公约数，就可以对国家了解全面了。其实，即使我们的研究目标是了解一个区域，也是从这个区域中的一个个社区做起的，我们很清楚不可能期待通过研究不同的局部去了解整体，而是所有的研究都怀抱着整体史的追求。

整体史是我们一个最基本的信念。虽然我们知道一个人或者一群人的研究，或者每一个具体的研究课题，不可能都是整体的，不可能面面俱到，就是一个村子，要作为整体把握都很困难，但我们是用整体史的观念来理解和解释每一个具体的事实或特定的问题。这是学术研究中的一种方法论取向和价值追求。

孙　歌：我很欣赏你的这个说法：当

我们说整体的时候，我们是在说一种方法论
取向和价值追求，而不是在说囊括一切的经
验研究。但是这个问题，说到这个程度还没
完，因为你怎么去判断一个具体的研究是整
体性的？换句话说，这种对于整体史的追求
如何呈现为具体的研究？我同意你的判断，
就是所谓提取共性来进行高度概括的方式并
不是整体史的方式，我们在当下的研究中常
常可以看到这种方式，看上去似是而非地涵
盖了一切，但是却没有什么分析功能。这里
牵扯到我们如何去界定形而下之理的问题。
不过我想首先需要排除掉研究中的一些伪问
题，比如有人对我说过，广东是一个区域，
这是不能代表中国的，我当时回应说，那谁
能代表中国？在学术层面，这个某某对象不
具有代表性的说法基本上是个伪问题。你刚
才提到，研究小规模地区和下层民间社会对
于理解整体、理解国家有帮助，并不是因为
这些具体对象具有典型性，这个提法非常重
要。我们惯常的思维都是停留在对于典型性

的依赖上。我刚才所说的"代表中国"的问题，就是这种惰性思维的产物。寻找典型性无可厚非，但这是一种初级思维，因为它必然导致不顾多数对象的内在理路而寻找表面上的类似性，看上去概括了很多，其实却往往在简化问题。这也联系到你刚才所谈到的另一个问题点：不同区域中看上去类同的表象，把它们置于各自的整体结构中加以理解的时候，却可能是完全不同的问题。所以，"典型性"这个范畴只能用在极为有限的问题上，泛用则会导致思考的停止。但是现在我想借你刚才的分析，把这个问题再往前推一步：当我们不再依靠抽象的典型性和普遍性之类的概念追求共同性，同时也不再依靠对立于典型性和普遍性的所谓"特殊性"来建立分析视野的时候，就出现了一种新的问题域。在这个问题域里，所分析的对象都是特殊的、个别的；这意味着它们既具备可以被抽象为共性的某些个别性，也具备不可能被抽象为一般性的特殊性。如果按照通行的知识习惯，可以被抽象为一般的个别性比不能被抽象为一般的特殊性更具有价值。但是在新的问题域里，这个判断不再成立了，甚至个别与一般的关系也被颠覆了。我们需要重新思考每种特殊事物的普遍性意义，不是为了从中抽取一般性，而是确认特殊事物本身的意义。这时候，特殊事物所包含的意义，就超越了它自身，但是却仍然只能以它自身的特殊状态呈现，换句话说，它拒绝被抽象，却可以具有"非同质的普遍性"。那么，这种一旦被抽象就将失掉自身意义的非同质的普遍性，究竟是如何构成的呢？当代哲学家陈嘉映对于普遍性问题有相当深入的追问，我从他的讨论里受到很大启发。陈嘉映认为那种依靠高度抽象而获得的普遍性最没有用处，他比较推崇的是类似于一对一的翻译过程中所产生的"普遍性理解"。在两种语言的翻译经验中，每一种语言形式都是特殊的，没有哪个词可以直接对译而与另一种语言中相应的词语完全重合，还不必说语法的差异以及语境的不可重合性。但是人们仍然可以翻译，并透过翻译去理解不同的文化。这个过程是怎样完成的呢？不同语言之间会有一个意义上相互重合的部分，就是可以直接对译的那个部分。陈嘉映举的例子是"book"可以翻译成"书"，但是翻译理解却恰恰不只是依靠这个重合的部分完成的，还要照顾到那些不能直接对译的部分，比如 book 就有无法翻译成"书"的语义，这两个词不能完全对接，因为它们还要依赖各自的语境。所以好的翻译一定是尊重原文的再创作，而不是直译；陈嘉映是哲学家，他更感兴趣的问题在于翻译过程中的机制问题，但是我希望讨论的是如何在特殊性中寻找意义的问题，这在侧重点上与他的讨论稍微有些不同，但方向是一致的。我们不必援引本雅明就可以想象，其实翻译的过程就是一个进入陌生的特殊性的过程，而不是相反，把特殊性抽象到一般性的层面上来。两种个别语言的相互对译，不仅要求译者对外语有深度理解，而且要求译者同样对母语有深厚造诣。而这两者的造诣其实是相同的，都是对于特殊文化（每一种文化都是特殊的！）皱褶处的感知能力。韩国的白乐晴先生说过，文学是全球性消费文化最难入侵的领域，因为即使通过翻译，它也需要大量特定的"在地知识"才可能读懂。这是对于进入特殊性的最好提示。进入特殊性，就是进入大量的"在地知识"，它们是不可直译的，所以在特殊性中寻找意义并开放这种意义需要一些转换的环节。我们换个思路来想，深入某种特殊性意义中去理解，这其实就是对于他者的内在理解。这并不意味着认同他者，或者让自己成为他者，而是意味着在尊重对方的前提下去理解对方，而不是把对方生拉硬扯到自己的逻辑里面来。所谓多元的普遍性，并非平行地并列很多特殊性，而是这种尊重与内在理解的状态。

　　似乎我把问题扯远了，但是我并没有跑

题。因为讨论华南研究为什么不是地域研究的时候，我们面对的是同类性质的问题。局部与整体的关系并不直接等于特殊与普遍的关系，但是有些环节是类似的。我理解，你们去研究一个社区的民众生活的时候，就是一个深入特殊性的过程，这跟进入某一语境的译者是类似的。你们深入华南"社区"，并不是为了做一个在地的生活者，而是为了做一个理解者。把一个所谓的区域性经验作为整体来对待的时候，事实上我们并没有排除掉国家，但是这个国家必须是在这个区域之内，而不是之外，就是我们在处理这个区域的时候，同时这个区域内部已经包含了国家。其实不只是国家，还有很多更大的整体也在这个区域里，比如人类。关键在于，只有不带着先在的前提和框架，才看得到那些以特殊状态呈现出来的普遍性问题。这也许是个悖论。进入区域性经验越谨慎越深入，接近那些整体性、普遍性问题的可能性也才越大。

刘志伟：对。

孙　歌：那么在思路上，我们就需要区别于通行的那种假设。我想这就是你所说的你不接受"国家与社会"二元假设的原因。当你深入一种特殊性的时候，你并没有预先设定有一个高高在上的普遍性。正如没有一个译者会认为在他对译的两种语言之外还有个凌驾于其上的第三种抽象语言一样。而那种关于国家与社会的假设，最要命的是它是个先在的前提，似乎并不需要验证。国家与社会的概念不是不能用，但是不能当成讨论的先在前提。当你深入社区这个特殊的在地经验时，国家已经在里面了，因为这个区域的人，不是活在真空里的，而只要他们活在历史里，就一定是活在那个国家里的，可是国家未必是他们的前提。在这种情况下，当我们把区域和国家合一之后，我们仍然还有一个追问，就是我们怎么去区别那些就事论事的经验性研究和这种有整体意识的个别性研究、区域研究，因为这里的区别并不在于是否研究了国家，而在于如何进入特殊性，也就是区域研究的路径问题。

刘志伟： 我先打断你，因为我怕我等下会记不住你讲过的问题。你一开始提的一个问题是如何确定我在这个区域的研究是一个整体性的研究？

孙　歌： 对。

刘志伟： 这个问题可能要换个说法来回答，我想，我不需要确定我是不是一个整体的研究，我只是追求一种整体性的研究。换一种说法，我不以"整体"为研究对象，但我研究每一个局部，都是在一种整体性的思考下进行的，我的研究以整体性的把握为目的。至于我的研究是不是整体性的研究，或者如何才叫作整体性，这个东西其实是一个……

孙　歌： 又是一个静态的指标了？

刘志伟： 怎样才达致"整体性"，其实是一个无法划定的标准。譬如，过去写通史，一般都要包括政治、经济、思想文化、民族关系、对外关系，好像把这些方面都包括了，就是有点整体性了。不过，现在如果再写通史，也许还要关注宗教、风俗、生态环境等。是不是所有领域都完整讲到，就有了一种整体性呢？我们当然可以这样去理解。但我们每一个人，都知道自己研究的能力和时间是有限的，我们能够掌握的资料也是有限的，我们根本不可能把所有人的活动的方方面面都研究清楚。所以，我理解的整体史，不是说我们在研究一个地区、一个国家、一个社群或社区的时候，要把所有事实和现象都一一研究清楚，而是要把人们的行为，以及所有影响人们的行为，影响人们的行为的结果的各种要素都视为具有整体性联系的事实，从其整体性联系去把握和理解。

孙　歌：就是说，要在一个整体的结构意识中去处理经验事实，而这个结构意识本身是不直接作为前提或者关键概念之类的东西呈现的，它就在经验事实的解释和经验事实之间的关系中体现出来。

刘志伟：我们在研究的时候，不能什么都照顾到，都看到，但在我们的心中，在我们的观念上，必须有一种自觉，就是我们要面对的一切，有一种整体性的关联，我们或许不能一一顾及，但随着我们认识的延伸，随时都可能要把一些东西纳入自己的视野，放进自己的解释框架。由于我们的思维能力有限，写作和表述也一定是有限制的，一定不可能把所有的事情和条件都一一数出来，并且建立起内在联系。我们只能关注到几个很有限的方面，所以，我做的研究不一定方方面面都兼及，事实上我做不到，但是，这不妨碍我的研究抱持着整体性的追求，并很清楚我的研究所追求的整体性，其实是一个流动的、无限扩展的研究视野。在学术界，评论别人的研究时，常常会有一种异议，说某人的某项研究还有什么什么东西没讲到。我以为这种批评没有多大意义，提出这样的批评是最容易的，任何一个研究，都一定有没有触及甚至根本没有想到的地方。

区域研究中的"国家"

孙　歌：这种批评很常见，基本上没有什么建设性，学界要是能基本避免这类讨论，倒可能是一个进步的征兆。但是其实我问的还不是这个问题。我说的整体不等于全面，因为全面这件事，我相信任何一个学者都是做不到的。包括实际生活的研究对象的全面，因为这个也是很难做到的，你只要有了选择就不可能全面。

刘志伟：对。

孙　歌：但是我觉得，因为我们论述的逻辑起点是在讲为什么华南研究作为一个区域研究，我们并不愿意让它仅仅成为一个局部性的研究，我们从这里开始实际上就已经排除掉了一个思路，说因为是局部所以不够全面，所以你就不可能是一个整体性的研究，这个假设已经排除掉了。在这个意义上来说，全面只是一个虚假的预设。可是我觉得这不是问题的关键，问题的关键在于你们做华南研究的时候，所追求的那个内在的机理。而这个机理呢，我们现在面对的一个理论上的问题就是为什么它不可能放大为中国原理，但它又是一个中国论述而且具有原理性格。在这个层面上我觉得有必要做一个最初步的甄别，因为有很多人进村找庙，但不是说你进村找了庙就是一个整体的论述。有很多人一直到最后仅仅是在描述一些经验，为什么那样的描述我们觉得作为中国论述，它缺少原理性？为什么你们的华南研究会吸引我们这些外行？我觉得是因为你们确实有一个整体的结构性追求，而这个结构性追求，在直观意义上仍然是一个地区性的经验，而且不一定面面俱到，可是"中国"却是内在于其中的。

刘志伟：对，就这个区域的整体性而言，内在于区域的"国家"也是一个完整的存在。

孙　歌：对，是个完整的。

刘志伟：明白这一点很重要。还是要回到我们最初那个命题，既然我研究的出发点是作为历史主体的人，而人作为能动者，一定是在某种特定的结构中存在，同时也在行动中改变结构。这个结构，在一个国家形态已经高度发达的历史环境中，最核心的权力体系就是国家。所以我们每个人在自己的生活经验里面，面对的国家都是一个完整的实体，不只是区域里面的，也包括区域之外的那个权力中心。但是对于一个区域而言，在社会现实生活中具有意义的"国家"权力，一定是内化于这个区域社会结构的那个权力格局之中的。在这个意义上，我们所能够认识的国家，或者所谓中国论述，只能是在特定的时空之中的，不能放大为可以跨越时空的中国。

孙　歌：对。换句话说，就是我们能够深入把握到的"中国",其实就是内在于我们可以进入的那个局部中的"中国",也只是在这个层面上,有结构意识的区域研究才能构成有分析能力和洞察能力的中国研究。所谓跨越时空的中国论述可以有,但一定是大而化之的,解释功能比较差;而一旦进入区域经验,这种天马行空的中国论述就显得避重就轻,甚至会显得虚假。

刘志伟:这里就引出了一个我们研究要解决的最基本的,甚至可能有点永恒味道的问题了。我们在中国研究中不断问的一个问题是,如果在不同的区域,中国是一个不一样的中国,为什么它还是一个中国?我们前几年写过一篇文章同一些美国学者讨论,他们指出在中国不同的地方,其实并没有用同一种正统化的标准,很多看起来一样的信仰和礼仪,其实各个地方是很不一样的。我们认为,这种各地形态各异的事实,不应该是我们研究的结论,而应该是我们研究的出发点。我们的研究要回答的问题,不应该只停留在"中国"的不一样之上,而是要在这个基础上问这个非常不一样的中国,为什么还是一个中国。这种看上去是一种悖论的说法,好像有点故弄玄虚,但这是一个事实。我们看到中国不同的区域,社会和文化千差万别,而且所谓的"正统"也很不一样,"标准"也形态各异,但这些差别都在一个中国的框架中,在一个"中国文化"的大一统的范畴之内。正是这些在不同时空的千差万别的"正统"和"标准",构成了中国的大一统。如果不明白这一点,不能够解释这样一个事实,就很难建立起所谓的中国论述。

孙　歌:对,所以换一句话说,大概也可以这样讲,中国既是"一",又是"无数"。问题在于,这个"一"和"无数"并不对立,而且"一"并不是从"无数"中抽象出来的,相反,它只能借助于"无数"才能呈现自身。在思路上进行了这样的矫正之后,我们才能发现依靠超越时空的中国论述方式无法发现的那个"中国"。

刘志伟：对。站在地方的，甚至所谓"民间的"角度，也是存在这个"一"的。说到这，我也许要提到英国人类学家华德英（Barbara E. Ward）提出的关于意识模型的理论。

孙　歌：我在你的讲课大纲上看你提到过，但是我不知道内容是什么。

刘志伟：由于华德英的这个理论，在方法论上对我们的华南研究启发很多，这里我想稍为扼要介绍一下。华德英是在结构主义框架下提出一种关于社会结构模型的理解的。克洛德·列维－斯特劳斯（Claude Lévi-Strauss）论社会结构的时候，提出两种模型，一种是人们关于自身社会的意识建构，一种是来自外部观察者的建构。前者列维－斯特劳斯称之为自觉意识模型或自制的模型，后者则称之为非自觉意识模型或观察者模型。华德英在对香港渔民的研究中，提出自觉意识模型还应该细分为"他们的近身模型"、"他们的理想观念模型"和"他们作为观察者的模型",也许用我们比较通俗的话来说,第一种模型是基于自身直接生活经验的意识建构,第二种模型是他们对自己的身份属性应该如何的意识建构,第三种模型是他们看待其他社群的意识建构。

这套理论没在中国学者中有多少影响,有些学者提及时也似乎误读了,不是从结构主义的脉络去整体性地把握这个认知模型的结构。这里要详细解释有些困难,我只想强调,这几个模型是不能离开其结构主义的脉络去理解的。虽然我们不是结构主义者,但是,我们觉得华德英提出的这几种模型的关系,为解决上面那个问题,即中国千差万别的地方社会和文化,为什么可以构成和如何构成一个大一统的中国,提供了一种非常有效的认识论路径。

我们在研究每一个社会单位的时候,都可以从这几种模型及其相互关系去理解社会的结构。在每个社会单位中,人们都有自己一套习以为常的生活方式，一套感同身受的社会规范，同时，当他们接受了一种自我身份属性的时候，在意识上会接受一种观念上的理想模型，并会极力拉近自己对身边社会的自觉意识与意识形态的理想模型的距离。这种拉近，不一定是以改变自己近身的模型来实现的，也可以通过他们对意识形态理想模型理解的再建构来实现。于是，无论外部观察者看到的他们的自觉意识模型中的"他们的近身模型"与"他们的理想观念模型"之间的距离有多大，他们自己的近身模型还是趋于接近他们的理想观念模型的。

说到这里，我们就要分清楚中国的士大夫意识形态与自觉意识模型中的"他们的理想观念模型"的关系问题了。"他们的理想观念模型"，既是基于士大夫的观念建构，又是人们自己在实践中的再建构，因此我们需要用动态的、持续不断的过程化思维，才可以理解这个理想模型及其同近身模型之间的关系，并由此把握文化多元与大一统的关系。

这里没有涉及研究者作为外部观察者的模型，即前面提到的列维－斯特劳斯所谓的"非自觉意识模型"，如果把这个模型也纳入思考，问题也许更清楚一些。我们的研究者总是不能清楚区分"自觉意识模型"与"非自觉意识模型"，以自己观念上的理想模型，强加给研究对象，用"非自觉意识模型"去取代"自觉意识模型"，而不是从研究对象中去理解和把握自觉意识模型，结果常常被研究对象的差异性所困扰。

回到你刚才的问题上，从以人为历史主体的观念看，每个人的世界中的国家，都是一个整体。这个意义上的整体性，同以国家为历史主体的观念下的整体性不是一回事。所以，如果我们的历史解释是从人出发，要回答中国是什么的时候，就必须假定有一种超越个人认识范围的能力。所以，我不想把这种研究的取向看成唯一的，要压制其他取向的。我不能够回答人们关心的中国是什么的普遍性论述，但我不能排除人家要问这个问题。当有人要问这样一个问题的时候，他完全可以以自己的方式建立起他的论述。问题是，我自己总是宁愿把建立这种论述的过程和这种论述本身，视为研究的对象，当听到有人说中国是什么的时候，我马上就会把这种论述对象化。我即时萌出的想法，不是他的这个说法有多少真理性，或者其正确性在哪里，而是要问一系列的问题：他是在何种前提，以何为出发点，表达何种观念，回应什么问题；进而有兴趣探究他的意识形态、知识结构、学术背景、政治或文化主张，如此等等。

孙　歌：但是仅仅做这个工作，我认为还不够。比如说我关心的不是"中国是什么"，我关心的是要如何去阐释中国的原理。而当我这样讲的时候，我是没有办法去想象，有一种中国原理能把所有地区的经验都放到里面去。然后它能够有效地既解释华南，又解释东北，又解释西藏，解释新疆，我不能从这样的一个思路上去设想那样的中国原理,现在无论中国还是西方,中国思想史这个领域里面不缺少这样的宏观论述。因为你只要高度抽空它,它就可以做到这一点,但是同时它不提供任何解释可能性。我为什么特别关注你刚才一开始的表述,你说你研究的这个区域本身就是一个整体,因为从这样的一个思路推下去,我们要推出来的一个问题是,那么中国在哪里,中国的原理在哪里,其实中国和中国的原理不在紫禁城,它就在一个一个的所谓的区域里面。

刘志伟:紫禁城也是一个区域。

孙 歌:对,但是紫禁城有它和其他区域不同的地方,我们把问题分开讨论。因为我关心的问题是,在你们这样的一个华南研究里,特别是已经获得了"国家"内在于区域的自觉之后,我关心的问题是我们怎么处理紫禁城这样一个区域,这是一个问题,还有其他的问题。

我现在要讨论怎么处理紫禁城这样的区

域。紫禁城，国家的最高权力，我们如何把这样一个最高权力作为一个区域来处理，因为如果没有这一步的话，那中国只能是一，不能是多。我们现在说一和多是并行、合一的，并不是一在上，多在下，而是说紫禁城的国家权力是一个一，它作为一的方式和其他区域作为一的方式不一样。因为这个一有作为权力的唯一性，可同时如果没有那些无数个一的话，这个权力没有任何意义，它就是真空的、没有内在于区域社会的主体性的存在。没有与无数个一的联结的话，那么所谓国家权力机构是不具有任何实际功能的。

刘志伟：我似乎明白你的意思。这个时候我首先把国家看成一个区域，只不过这个区域的边界就扩大到一个国家的范围。那么紫禁城、六部、军机处，种种国家机构，都在这样一个区域的整体性里面。其实，任何一个在研究时界定为整体的区域里，都是有政治或行政的中心的。以一种功能分析的方式看，一个"区域"，一个作为研究对象的具有整体性的社会单元,都会有一个或多个权力中心,而权力中心也都有控制资源、制定规范、维持秩序等功能。在这个意义上,"区域"与国家,作为具有整体性的研究单元,在结构上并没有什么不同。

孙 歌:对,但是这一相同点仅仅限于结构方式,还有另一些层面需要另外讨论。

刘志伟:我们建立一种基于整体性的论述的时候,要明确界定研究单元的边界。当我们把一个国家下面的每一个区域视为一个整体来研究的时候,它与其他作为整体的区域之间是平行的,而作为整体的研究单元,与构成其一部分的区域之间就是统属的关系。当我们把这个区域与另一个或多个区域视为构成一个更大整体(例如国家)的局部时,这个区域就不是一个整体,而是更大的整体中的局部。这时,每个局部之间的关系,就不是并列的整体之间的关系,而是相互构成整体的有机组成部分。因此,所谓区域、地方、国家,在研究中,都可以是整体,也可以是局部,取决于如何界定你的研究。因此,整体性不是由国家出发来界定的,也不是由地方来界定的,是由问题和研究的视角来界定的。《大清会典事例》没有人会怀疑它是一部国家的法规,不过其中很多法规性的"事例",都是关于地方的、局部的。这些处理地方性、局部性事务的法规,放在一个国家层面的整体去解读和放在区域层面的整体去解读,可以有不同的意义。我们可以把那些处理地方性问题的条令简单理解为具有全国范围的适用性,尽管事实上往往不是这样,但我们还是可以放在一个全国性的脉络中去理解。不过,我们从事区域研究时,就需要把这些条文放在当地特定时空场景去理解了。当这些规则运用到别的时空和场景中去的时候,我们更多关心的,不是它的普遍适用性,而是如何"下有对策"了。因此,我们要思考的,是这些"事例"能够或者如何能够呈现为统一性或共性,我们恐怕更多需要的是从实践层面去寻找其普遍性的机制，而不是将其扩大为一种具有普遍适用性的规则。你刚才提出的中国原理，是不是也应该是一种机制性的原理呢？

孙　歌：当然，我认为原理只能是一种机制。把原理视为前提或者实体的想法，对于思想史而言都是不能成立的。

刘志伟：如果这个中国原理要从机制上去阐释，恐怕就需要进入思想史的领域了。在我们看来，传统中国的国家秩序，首先是一套礼仪秩序，法律秩序是以礼仪秩序为基础的。为什么是礼仪秩序而不是法律秩序，也许就需要从观念形态上去寻找解释。这些叫作"中国人"的人，他们是怎么理解世界，怎么理解自己和自然的关系，怎么理解人与人、个人与群体之间的关系，这些观念如何传袭和变化，如何形成礼仪的观念和秩序，真的要通过思想史的研究去解释。我这样说，好像掉进了"历史唯心主义"的陷阱。如果这只是一种标签，可以不去理会，但如果要到哲学层面去讨论，我并不认为是这样。不过，在这里好像不应该将话题扯得太远。简单说，我们也许可以从结构主义那里找到出路，我们面对的，是一个结构性的社会。这个社会的结构既是一个现实关系的结构，也是一种观念形态的结构，现实关系结构的稳定性往往是通过观念形态结构形成的，而观念形态的结构，一定是在漫长的历史过程中累积形成的，这个历史过程当然是由人的行为及交往活动所构成，我想这就和历史唯心主义的立场划清了界限，同时也赋予观念意识形态的结构一个非常重要的位置。思想史要探究的就是这种以观念意识存在的结构，所以我们做社会史的人，绝对应该重视思想史的研究，否则，是无法理解社会结构的。

寻找"中国原理"

孙　歌：其实沟口先生做的中国思想史研究，要处理的就是这个问题。我为什么要把中国原理和这个问题提出来呢，因为现在有一个最基本的知识现状，就是我们大家都承认了，用西方的那一套来解释中国历史的理论，来解释中国的原理，它不够有效。

如果修改现有的西方对于前近代和近代的那一套论述，用现代性理论来讨论中国历史的话，就必须找到一些现象来支持现代性理论里面最基本的概念。于是就出现了一个情况，我们会无视中国历史上的一些思想家非常重要、非常基本的论述，同时对于一些看上去类似于现代性观念的说法，重新把它们组织起来，论证我们也有这个近代的过程，我们也有我们的个性解放，也有我们的理性精神，然后才会有我们中国的一个现代的过程。

刘志伟：但是问题是，也许所有的这些都是正确的，但是必须面对一个需要首先回答的问题："我们的"是什么？这个"我们的"具有本质性吗？

孙　歌：这个提问方式很有趣。

刘志伟：我们最熟悉的一个概念是"中国特色社会主义"，这里的"中国特色"需要建立一套"论述"。

孙　歌：对，所以就要面对一个问题，中国的这个原理，是否可以用修改西方原理的方式来提出。这个西方原理本身其实是很难解释中国历史的，但是人们很少考虑这个，因为中国思想史一向是这么操作的。

刘志伟：你说的这一点非常重要，不过，我想这是一个也许有点宿命的处境，这也许是学术空间一个不可能回避的处境。我们可能不愿意借用西方式的原理表述，或者在西方式的表述下稍加修订，去建立关于"中国的"解释，最好是能够使用从中国文化和历史经验中发展出来的话语系统来建构这个原理，努力寻求一套"中国的"表述。这套表述当然需要立足在中国历史脉络下的知识体系和文人话语中，也需要理解乡村中识字和不识字的老百姓的观念和心理习惯。我们不可能不去建构一套关于中国的社会理论或思想观念，这不仅由于我们要建构的是一套属于现代人类知识体系的东西，更重要的是我们也相信"中国原理"的真正意义，是能够丰富以至改造那些由西方经验发展出来的社会理论和知识体系，也只有达到这样一种结果，所建构的"中国原理"才具有人类共同知识的价值。过去一百年左右，这种努力大多以削足适履的方式行进，导致我们今天越来越感到难以忍受，于是，有人欲去其履，有人则努力寻找新的履去适足，有人努力去造出自己的履，只是，新的履的式样已经不能回到旧式样了。在目前，我觉得需要做的首先是认识这个"足"本身，最直接的，是对一系列中国的范畴重新解释。在中国社会，有很多范畴是西方的理论所不能解释，不能理解的，连直接翻译都不可能。比如说我们有两个读音都是"li"的字，一个是道理的"理"，一个是礼仪的"礼"，我认为它们都是认识"中国原理"的基本范畴，是西方思想体系中没有办法解释的范畴，似乎也没有很贴切的翻译。

孙　歌：这个问题我不想跟你争论，因为我觉得这其实只是一个我们怎么去判断学术过渡期的问题。但是我确实没有你那么悲观，也许比你要激进一点，你也可能不认为你是悲观的，但是我觉得中国原理还没有惨到必须削足适履。不过这些判断都不重要，我倒是觉得你最后谈到的这一点非常有意思，就是"理"和"礼"的问题。这两个即使被翻译了也很难被西方人理解的概念，恰恰是中国社会基本的结构元素，所以它们的能量绝不止于其自身。而从理和礼出发去分析中国传统社会的运作机制乃至现代中国的基本特征时，我们可以观察到一个基本的结构。它们会牵扯出一系列的问题群，有些与西方的观念类似，有些则不相干。比如说天理和礼教，把它们放回到中国的历史脉络中去，就暗示了中国历史的基本走向。当然仅仅这两个概念还不足以进行有效的分析，它们需要进一步延展，结合其他的关键概念。这里面比较棘手的问题是，即使我们承认五四新思潮对于传统的全面否定具有某种非历史的特性，但如你所说，我们也无法再回到从前的历史里面去。值得思考的是，五四的新思潮作为一个历史环节，它的功能不在于解释历史，而在于揭示了中国历史在20世纪初经历了一个精神断裂。而这个精神断裂与现实的社会生活具有明显的错位。因此五四新思潮特定的历史功能不可以被简化为等于那个时代的历史本身，20世纪初期的时代精神大于五四运动，那个时代里仍然有多样的思想资源留下来了，并不能仅仅把那个时代的时代精神归结为五四的反传统精神，当然也无法用反传统精神与新儒家对立之类的简单图式来归纳。这些问题太大无法展开，姑且到此为止，我希望说的是，为了突破现有的传统对现代的二元简化认识论或者挪用西方理论解释中国的操作模式，我们需要重新探讨中国原理本身，回到我们开头讨论的关于历史整体性和普遍性论述的那些基本问题上去看，这就是说，我们需要本着"深入特殊性"的方向感，不带有任何先在前提地去看。

刘志伟：我从自己的研究领域来看，这个中国原理也许可以很简单地表达，就是在中国政治与社会秩序建构与维系中的核心范畴——"礼"，当然要诠释并以这个范畴为核心概念去理解中国社会与历史，就一点都不简单了。这个"礼"，在中国传统中，是凌驾在"法"之上的范畴。我以为这就是"中国原理"的一个很基本的内容。近年来，一些学者，喜欢讨论传统中国的"民法"和

"习惯法"之类的问题，说得重一点，我以为这是"误入歧途"的典型例子。其实，所谓的"民法"也好，"习惯法"也好，都是西方式的"履"，而在中国传统社会，这些被指认为民法或习惯法的规范，更多属于礼的范畴。

这个"礼"为什么在中国社会里成为最重要的一种秩序，和最基本的一种规范，我想不是我能够解释的，不过，我希望透过"礼"来认识中国的国家与社会的构造。传统中国社会从基层到朝廷，具有一种连续性的秩序，这种连续性如何达成，如何成为一种稳定的机制，我们都可以从"礼"的原理来把握和认识。我们研究很多历史活动和现象，都是希望弄清楚"礼"是怎样构成一套从宫廷生活到王朝政治，从大小衙门到城乡基层社会运转的基本秩序。古时有所谓"礼不下庶人"的说法，这句话古人多解释为王朝的礼仪规范不下及庶人，近人有不同解释，我对此没有研究，先不置论。就宋代以后的中国而言，我们研究的一个基本视角，就是王朝之"礼"下及庶民社会的过程和实现途径。我们以为，宋元明清时期国家建构的一个基本内容，就是以"礼下庶人"的方式构建起王朝体系下民间社会的秩序。有意思的是，在逻辑上，本来只能在国家层面上由皇帝贵族和士大夫所行的"礼"，下行至庶民社会，从礼的规范来看，是一种僭越。也就是说，庶人社会行士大夫以上阶层所行之礼，本身是一种违礼。这似乎是一个悖论，不过，宋明的理学家轻易地用一句"礼以义起"就把这个悖论在逻辑上解决了，将本来贵族士大夫社会的"礼"推到庶民社会了，也就是说，以违礼的方式把"礼"的秩序扩展到基层社会，是宋以后王朝国家转变的一个基本脉络。如果我们在研究时只是停留在文献经典的释读，很容易会得出一种认识，以为这个过程是少数理学家和士大夫推广的结果，但是，由于我们的研究多年来立足于乡村的历史，在民间社会的层次进行研究，我们现在越来越明白，这个过程其实并不是简单地以少数读书人把上层社会的规范推广或强加到基层社会实现的，实际上，读书人在民间推行士人之"礼"的过程，常常是通过把原来民间社会秩序中的"俗"纳入"礼"的体系之中来实现的。我们用前面提过的华德英的概念来说，就是把"他们的近身模型"与"他们的理想观念模型"拉近的过程，这个"拉近"，并不一定是乡民们放弃或改变"他们的近身模型"，也可以是乡民们重新塑造"他们的理想观念模型"的或称。明白了这个原理，就不难理解我们研究一个地区、一个区域，甚至一个社区，可以与对国家历史做整体性的解释打通起来。我们可以在区域研究中、在社区研究中去认识国家的原理，就是在这个层面上实现的。我们的研究有一个很基本的认识，就是从属于王朝秩序的"礼"如何在基层社会建构起一种"国家形态"来认识"中国原理"。获得这种认识，一定要在基层社会的层次，从民间社会生活层面做深入的研究才有可能实现。

孙　歌：最近几年因为主编和翻译沟口先生的中国思想史研究，我一直在"恶补"相关的历史知识，你的这个看法让我联想起沟口先生对于从宋学到阳明学再到明末无善无恶论，特别是李卓吾的兵食论、童心说的思想史观念梳理，也联想到沟口先生对从阳明的时代直到清末的民间礼教逐渐发育、成熟过程的分析，觉得其中有很多不谋而合之处。特别是你强调的礼教在民间的渗透推广，并不是一个自上而下的过程，而是读书人和士大夫阶层自觉地把民间的社会秩序之"俗"纳入礼的规范中来的过程，这对理解明代以后的中国思想史观念是非常重要的。王阳明和李卓吾的一些最基本的论述，也只有借助于这样一个视角才能理解。比如阳明的"满街都是圣人"，李卓吾的"穿衣吃饭，即是人伦物理"，推动的正是这样一个把"俗"纳入礼的认识论过程。这个过程到了明末清初,则通过例如黄宗羲对于民私的主张以及顾炎武对于亡国和亡天下的区分等论述,在意识形态上开放了民间社会礼俗空间的政治能量,而且这个空间所具有的政治功能,并不能被所谓"国家与社会"框架中那个"社会"的功能所回收。

刘志伟: 当然,要认识所谓的中国原理,不仅要在一个可以做整体性观察的研究单元上进行深入的研究,也需要同其他不同类型的文化和社会做比较。不过,我觉得,除了大家都已经习惯同欧洲做比较之外,也许同日本、韩国、越南的比较也是非常有必要的。可惜我完全不了解这些国家的情况,不敢谈论更多的意见。不过,在我们一时还没有能力在比较深入的研究基础上做比较的时候,我们或者可以考虑先从一些个别的文化范畴着眼,也可以看出一些端倪。例如财产和权利的形态和观念,就可以同日本做一些比较;家庭家族的形态和演变情况,可以同韩国做比较;乡村组织和神明祭祀,可以同越南做比较。这些都是我们开始关注的领域。

在对中国的基层社会进行深入研究的基础上，通过比较，我们感觉在中国很多范畴都具有非常复杂的面相和特质。例如在中国，财产权从观念到现实，都很难用既有的法权观念来理解。还有"经济"，我们过去做经济史的人常常带有某种偏见，说古代中国没有"经济"，中国历代王朝的正史中的"食货"，往往被看成是一种不属于"经济"领域的内容。但其实，"食货"虽然是王朝国家的财政记录，不是真正现代意义上的economy，但正是这个事实，体现了王朝时期国家运作的资源分配体系，在整个市场运转、货币金融体系以及社会生产领域都是主导性的，经济运转一定要放在"食货"的体系里才能解释。这也是一种"中国原理"。所以，我觉得"中国原理"可以分拆成很多方面去探究。但是，分拆去研究的时候，始终要有一个宏观的整体的社会文化结构的把握。例如西方人称赞过的中国王朝时期的科举制度和文官制度，在 18、19 世纪的时候，甚至一直到今天，都还有人说中国很早就有一套西方到了一个现代国家建立才出现的文官制度和考试制度。单独抽离其社会文化脉络，只看形式，这样说当然也是事实，但如果把这些制度置于其所存在及服务着的国家形态之中去看，其实完全是两码事。

我们在研究中总是摆脱不了一种张力，我们有一种追求整体性的信念，同时又都明白自己能够做深入研究的空间总是很狭窄的。于是，每一个人在做自己研究的时候，都以为自己可以引申出一套大道理。本来，我们老老实实，理清了那点事实，你就讲清楚那个事实好了，但我们总是要求自己能够通往一个大的道理。所以，我们要经常提醒自己，当要引出一些大的道理的时候，一定要反省，你的那个大道理的逻辑，是不是与你已经产生了的整体性看法能够联系起来。如果没有自己的整体性看法，只是把自己的一得之见置于既有的、完全从其他研究经验搬过来的一套解释体系或理论逻辑之中，你这个经验性的研究引出的大道理其实可能有很大的局限性，也往往会遮蔽很多你原来应该有的发现。比如说我刚才提到的例子，做法史研究的人，你可以把中国特定的司法和裁判的经验研究得透彻，但如果把中国这些东西，拉进一个民法或习惯法的概念中去解释，基本上就把自己的路给堵死了，如何再去发现中国原理呢！不管如何强调中国有什么特色，都不能发现原理，最了不起也不过是讲出一些枝节的不同，但那些不同可能没有多大意义。因为任何一个不同的国家，在不同的时间，甚至不同的小地方，都可能存在这类差异。

孙　歌：您讲得非常精彩。中国原理如果从礼的角度生发出一套秩序结构的话，其实我们可以厘清很多问题，比如说中国从传统社会一直到现代社会，政治是没有办法跟道德分开的，这个跟西方非常不一样。政治的道德化和这个国家没有办法把法置于礼之上，是直接相关的。就是因为礼本身大于法，它才要求任何政治不能凌驾于天理之上，为政者必须时刻要以谨慎的态度去修德，这样的一个传统氛围其实一直到当代仍然是存续的，当然这个存续的形式不意味着权力机构总是在克己奉公，而是意味着有一种舆论的压力，甚至是社会乃至于行政系统内部的压力，它要求权力机构不断修德。还有一个问题，我觉得解释历史的时候要去面对的，就是我们怎么去处理传统中国政治系统当中的专制问题，可是同时呢，我们又不能用一个西方的专制概念去解释它，因为它不具有那样专制的特征，所以这一部分的问题，现在很难讨论。这样的部分必须放在一个结构里边它才能被认知，而这个结构里边不但包含了你谈到的均平思想，包含了政治内部的道德诉求，包含了对于天谴的恐惧，同时也包含了另外一个隐形的牵制，就是传统中国的任何一代帝王，他都必须谨慎地面对民意，他哪怕不是直接面对，哪怕用各种方式镇压，也仍然无法回避改朝换代的命运；天谴的内涵是什么？其实是民意。这样一种权力机构和民意之间的关联方式特别复杂，不是直接的。但是日本有研究法国思想史的学者指出过，其实在17世纪的时候，中国的皇帝对于民、民意的恐惧——准确地说那是一种恐惧的心理——曾经让西方传教士非常羡慕，所以应该在这样一个整体结构里面我们来讨论传统中国统治的问题。这个是我对中国原理有渴求的问题意识，这样的问题和你关心的角度不太一样，但是我觉得我们关心的对象是有密切的联系和交叉点的。

刘志伟：我们要在中国实现民主，这是毫无疑问的。不过，我们如何达到这个目标，从何处着手，我们将要面对的障碍或难题在哪里，都需要先弄清楚中国的社会怎样构成，运作机制是怎样的，中国人如何同其他人共处，这个社会的公共空间是怎样一种空间，处理公共事务是在怎样一种方式下实现，如此等等这些问题，都需要我们在基层和民间的层面去做研究。清末民初，有些人曾经相信通往现代社会的路，可以从乡村自治开始，前些年，我们的社会学家、政治学家似乎也曾经相信中国的民主制度可以从村级民主选举开始。这种认识，首先是由于传统中国基层社会事实上存在着在权力运作上的"自治"和"民主"的传统，很多有着基层社会生活经验的知识分子，都在直觉上明白，在基层社会推行"自治"和"民主"并不困难，事实上，这些政治议程在开始推广的时候会发现没有太大困难。但是，正因为很轻易就实行起来，也就隐含了一种危险，就是遮蔽了在中国乡村社会"自治"和"民主"形式下实质的"礼法"秩序。这种秩序的社会基础和观念形态，与民主制度的社会基础完全不同，在这种基础上实现"自治"与"民主"的机制也完全不同。在中国乡村一层展开的"民主"选举越是顺利，越是基于原有的社会秩序与机制，就越是不可以期待能够从这里出发走向真正的民主。这一点确实就需要从"中国原理"去理解，而这个"中国原理"，需要通过基层社会的研究才能真正从本质上去认识。我想有一个很基本的差别是，"礼"的基础是以人与人之间"不平等"为前提的。中国人从上到下，从来都不承认人生来是平等的，只要是"中国人"，就不会承认这一点，没有人会从骨子里发自内心地，或者本能地接受人生下来就自由平等。在中国人中，缺了一个我们都是上帝的子民这样的一个理念。

孙　歌：但是同时呢，特别有意思的是中国社会很早就破坏了所谓的封建制那样的固定身份制度，或者是阶级制度，各个阶层、阶级之间人员又可以流动，而且这个流动在科举制度形成之后在某种程度上被强化了。

刘志伟：对，这是一个很辩证的命题，用辩证的思维才能够理解。大家注意到了中国社会的这种流动性，但这个流动性是指个体身份的流动。这种流动是在一个等级的结构中发生的，而这个结构非常僵化，且由一套"礼仪"秩序规范着。因而这种流动性与僵化的结构不是矛盾的，它可以是一种非常大规模的，具有绝对意义的流动性，但正是这种流动性，强化了结构的僵化。社会中任何一个人，都可以利用这个结构的一些带有原理性的机制，去实现个体身份的流动，并进而促使了结构的僵化，在流动与僵化两者之间，其实是一种并存以及互相加强的关系。

孙　歌：对。要是没有这个流动性的话，这个僵化的结构本身就会具有绝对权威性，具有真正意义上的制约性，所以它就会物极必反，产生类似于欧洲历史上那样的一个要求人人平等的近代出来，中国因为有了这个流动性，这个僵化的结构反倒得以维持，得以强化。

刘志伟：就是每一个人很拥护它。

孙　　歌：对，因为大家都觉得我可以改变地位，可以到上层去。这个就是孙中山后来论述的，中国的老百姓为什么对于自由缺少热情，因为确实这个结构本身是高度专制不自由的，但是对老百姓来说呢，每个人都认为我可以自由地爬到这个专制结构的上层，然后我就会拥有比别人更多的自由。因此在这个情况下，如果我们说，用一个打破这个僵化结构的方式来争得天赋人权的话，那确实缺少坚实的社会基础。

刘志伟：是啊，在自己可以流动的社会中，没有人会真正批判甚至企图去摧毁原来的社会结构。我在不同场合常常喜欢用一个比喻，就是，我们的社会有一个很大的梯子，在这个梯子上，每个人都可以往上爬，不过爬的过程里，为了自己爬得更快，常常会一脚把别人给踢下去，但是被踢下去的人，仍然可以努力继续再爬，一有机会又可以把其他人踹下去。所以，只要有可能上到这个梯子上的人，就不会想要去拆掉这个梯子。所有人都以为这个梯子是我需要的，是再好不过的东西了，如果没有这个梯子，我就没希望了。

孙　歌：所以和这样的一个实际的结构相对应的又有一个平均主义的诉求，这个平均主义不是平等主义，这个平均主义其实是以不平等为前提的一个平均主义。那么在这种意识形态里面形成的这样一种特定的结构，它跟我们的乡村生活之间的关联性，以及它经过近代化的过程，经过外来的各种各样的物质的、精神的力量渗透之后，它如何形成一个更复杂的系统，这大概是一个需要讨论的问题。

刘志伟：是否更复杂我有点怀疑。我倒是觉得比较令人忧虑的是这个系统现在好像更简化了。1949年以后，中国过去那种复杂、多元的多层次社会结构和价值体系似乎变得非常单一化。改革开放30多年来，表面看，社会好像重新变得多元化了，但无论是体制上还是观念上，我看到的是很多东西似乎更单一化了。这个印象是怎么得来的，根据何在，我没有认真想过，更不能说我是对的。我想也许可以留意一下身边的一些现象，例如，同社会分层和社会流动有关的，是社会上升的渠道和分层的观念，现在好像越来越单一化。我不是说这个制度公平不公平，而是说它在价值取向和社会流动的路径上，令人觉得今天的社会结构变得更单一化了。不过，这一点我真的没有深入研究，只是我们今天到乡村去，总有一个感觉，就是历史时期的乡村社会似乎比今天的乡村社会更多元，但我们对现代社会的研究实在不够，所以，我还是不多讨论这个问题为妙。

孙　歌：是啊，现在所有的困境，都似是而非地套到一个所谓的资本全球化的论述里面去了，其实推进了具体研究之后，会发现就这么个说法解释不了什么问题。

刘志伟：对，而且要把这个论述直接转化为国家治理的一些政策性的依据，这个事情也令我们这些做人类学的研究者总有一种莫名其妙的忧虑，说不清楚，我没有办法讲清楚这个道理，只是总觉得好像事情不应该是这样的，不应该这样发展……

我们的讨论似乎越扯越远了，有点太宽泛了。我想，我们之所以会说到好像偏离了原来主题的话题，其实是希望能够呈现我们的研究与你说的"中国原理"的探求的关系。不过，由于牵涉的都是一些很大的问题，非三言两语能说清楚，我想我们还是不要再向前走了。我们刚才会一再把话题拉到这些大的问题上来，这本身已经能够多多少少呈现出我们的关怀和这种研究具有的价值。我们过去30多年主要在华南乡村展开的区域性研究，可以对探究"中国原理"的这类整体性认识贡献什么思想或理论，这里其实很难做总结性的归纳，但刚才把话题扯开到好多看似不同的问题，都是要说明，探求中国原理，除了经典文献的研究以外，可能更需要从多个角度对普通人的处境和行为开展研究。我们的研究逻辑，是从人的行为出发来建立起对整体性的解释，就不可能只在宏观上进行制度和思想的诠释与理论上的逻辑推理，更不应该满足于用既有的社会理论来诠释一般性的中国事实。我们的追求是到乡村去，走进田野，触摸人的情感和行为，走进人的世界，在历史现场阅读文本，寻找同情的理解，重写中国的历史。我想，作为历史学者，表达我们对"中国原理"认识的最好方式，是要以我们的研究为基础去重新书写历史，这不是我们一代人能够完成的，但我们也相信它不是一种梦想。

2013 年 7 月　于台北

尾续语

刘志伟

孙歌写了一段"对谈小引"，把要说的话都说了，说得很好，我看了有点感动，有了更多共鸣。不过，照田还要我也写几句话，自然只能以狗尾续之了。

我是做社会经济史研究的，谈认识论，绝非我之所能。孙歌拉我对谈，说是要谈我们的研究，我的研究与她的领域不同，井水犯不到河水，怎么谈呢？我想，要谈，总得谈出些对方也有点兴趣的东西，才可能谈下去，甚至顶顶牛。在台湾和孙歌约好时间之后的那些天，我一直都在努力构思，但越胡思就越是乱想，找不到头绪。直到那个台风来临前夕的早上，走进台大修齐会馆那一刻，我还没有想清楚应该谈什么，怎么谈。没想到，谈话开始，孙歌的一段话，一下子就触到了我的那根正在兴奋中的神经。我那个学期在台湾，江湖上跑场叫卖的一个题目，叫作"走向田野的历史学"，场子摆开，我开头吆喝一番的话，都是"从国家的历史到人的历史"。近些年来，我越来越感到，我们所做的研究，要让人看出点门道，还是要先把这个底牌亮出来。于是，我当时接下孙歌的话茬，就扔出了一堆表白自己历史观的话。也许就是这样，后面的谈话，很自然地总转不出认识论的话题了。

这样的议题，如果要我写文章，大概永远写不出来，但以对谈的方式，把自己多年研究时的困惑、思考和反省交代出来，面对着孙歌这样高明和默契的谈话对手，竟然就谈了大半天，有了这篇几万字的稿子。对我来说，这个结果实在是一种意外，读着最后整理出来的这篇文字，我甚至有点释然。最近一些年，我们过去30

多年的研究似乎开始引起学界一点兴趣，
不时有机会报告一下我们的研究心得；在
大学里教书，自己的学生也总是努力地去
阅读一点我们写过的东西。不过，在大多
数场合，无论是写文章，做讲座，还是指
导学生，或者师友间交流，我常常都感觉
到似乎存在某种沟通上的隙罅。在很多具
体问题的讨论中，无论是赞成、附和甚至
仿效，还是商榷，批评甚至诘难，都似乎
难免要面对很多误读和误解。究其然，无
疑主要是自己脑钝笔拙口笨，但在一些历
史观、认识论或方法论的前提上存在分
歧，也许是更深层的。我越来越觉得，很
多具体的研究，在讨论时都需要先交代清
楚这些认识论的前提。但实际上，很少有
合适的场合可以让我做这种交代。现在有
了这个机会，在孙歌的引导下谈了这些
想法，虽然有些粗糙，有些欠严谨，有些
意犹未尽，但总算有了一个表白，至少对
要阅读我的研究的学生来说，也算是一种

交代。

我对孙歌的"认识",是从她90年代在《读书》杂志一连发表的三篇关于《在亚洲思考》的文章开始的。这套由沟口雄三主编的丛书中所收一百多篇论文讨论的问题,和我的研究领域较接近。尤其是前面三卷的责编滨下武志,是我最尊敬也很熟悉的师长,他现在还是我的院长,从那时起,他一直和我们在华南乡村一起行走,一起研讨。当我看到竟然有一个做文学研究的人,在《读书》上议论我以为只有我们才熟悉的话题,理解是这么贴近,表述是这样精到时,自然眼睛一亮。我当时很惊讶,也很兴奋,竟然能够从一位做文学和思想史的同辈学者中找到知音,以至后来在我们其实次数不是太多的交往中,总像老朋友一样,聊起很多话题都欲罢难休。现在回想起来,其实我们每次的谈话,我都是不得要领的。她谈的东西,我都是不懂装懂夸夸其谈地回应;我谈的话题,她却总是努力放进她的思想框架中。不过，在谈话中那种思维的契合和思想的共鸣，却是印象深刻，享受无穷。在我答应做这次对谈的时候，既心怀期待，又内心虚张，就是为以往这些感受所驱使；我之所以在走入台大修齐会馆时还不知谈什么，但当孙歌开头说了一番话后我就迫不及待要把话接过去，相信是出于以往这些经历的延伸。这种经验让我相信，研究课题、研究领域和具体见解的差异，并不构成学术的畛域。学术的奏鸣曲只有由不同的乐器分别奏出不同的音符才能合成，当然，节奏的呼应与旋律的共鸣可能更是关键。

这次对谈，是为在《人间思想》刊出而做的。把交谈的声音转换成文字记录其实是一件痛苦的事，首先要感谢在原始录音稿基础上进行文字加工的《人间思想》编辑张静女士，我的语言表达特别笨，话说得语无伦次，一定令她痛苦不堪。我看到记录稿的时候，也有点不能相信，如此混乱的语句和词不达意的表达，在对谈的现场，孙歌怎么好像都能听明白呢？由此可见，在共享问题意识的前提下，讨论到了一定深度之后，词语就不是唯一传达意义的手段了，在这一意义上，文字书写其实是很难直接取代和再现对话现场的。但我们毕竟还是想以文字形式把我们的对话同大家分享，于是，用了一番功夫，把文字记录稿重新整理，删掉了很多重复和枝节的内容，把很多阅读不通的文句改到稍为通畅，在尽可能保存对话原意的前提下，也补充了一些令思路连贯起来的内容。承蒙照田兄、士明兄不弃，决定把文稿分两期刊出，同时再以单本印行，并允把前几年两位年轻学者同我做的访谈附上。单行本需有一个书名，经我提议再由孙歌改定为《在历史中寻找中国——关于区域史研究认识论的对话》。这个题目看起来有"作大"之嫌。为什么用这样一个题目？我在提出建议的当时，发了一封邮件给孙歌、照田和士明，解释我当时的想法。我在邮件中写道：

第一，"寻找中国"，意味着我的研究不以"中国"为一个不言而喻的历史主体，这是对谈前面我要表达的立场。

第二，既然"中国"不是一个不言而喻的历史主体，那么，我们深入其中去寻找"中国"的那个"历史"，逻辑上就不是"中国"的历史，而是由人的行为建构的历史，"中国"必须在这个历史中才能够被认识。

第三，既然"中国"是通过历史来认识的，那么，不管这个历史是国家的历史还是地方或区域的历史，都是一样重要的，整体还是局部也都有着同样的意义，不会因为把"中国"当作整体，就要把区域看作局部，在这样的角度，普遍性问题和整体性问题都可以带出来了。

以上是将邮件原文只字未增地粘贴上来的。现在看来，这些想法还可以做更多的发挥和补充，文字也需要再修饰，但我在这里只以原文照录，是想忠实地保存我想到用这样一个标题时的即时想法，这种即时的思想，也许相对来说比较接近"人间"吧！

甲午孟春于广州

二

———

走进乡村的制度史研究[*]

* 本文原载常建华主编《中国社会历史评论》第 14
卷，天津古籍出版社，2013。由罗艳春、周鑫访谈
整理。

一 踏入史学之门

Q：当年您是如何走上历史研究道路的？

我小时候的理想，是要做一个科学家。我们这一代人成长的时候，其实没有什么"文科"的概念，最多只有文学的概念，满脑子里充满了对"科学"的幻想和追求。我在小时候心中只有一种偶像，就是科学家；我的抱负，也唯有追求科学的发现、发明和创造。所以，我从小学到中学，学习的兴趣都在数理化方面。小时候的我，常常梦想自己长大成为一名数学家，因为那个时候，华罗庚是最有名的科学家；我也梦想过自己成为物理学家，因为居里夫人是我们的偶像。

可是，我小学还没毕业，"文革"就开始了，只能跟着父母去了在大山中的"五七干校"。不知多少次，我自己在大山的丛林中孤独地想着自己的未来，想到其他同学能够上中学，自己却连中学都上不了，未来似乎没有了希望，儿时要做一名科学家的梦想自然也成了泡影。后来，经过多方努力，我终于得以插班回到学校。虽然那个时候的中学，实际上并没有真正的读书学习，但毕竟是回到了校园，我重新开始了要做科学家的梦，对科学充满憧憬。不过，那个时候自己其实并没有真正明确的目标，只是因为在做科学家的梦，就更喜欢学习数理化，同时也对所有知识都有兴趣。当时还在"文化大革命"时期，学校里其实没有正常上课，所谓的"数理化"，改为了"工业基础知识"和"农业基础知识"，学不到多少东西。更要命的是，在新华书店里没有几本真正的知识性的图书。不过，这样一来，在知识饥饿状态下的我，对所有的知识都有点饥不择食般的渴求，所以接触到什么知识似乎都能产生兴趣。进到书店里，只要看到跟知识有点沾边的书，都会买下来读，根本不管什么学科门类。所以，那时读书虽不少，却很杂乱。

1972 年，我中学毕业。当时，大学已

经复办了，但招收的是工农兵学员，中学毕业后要有两年以上的实践经验才能报名，上学的资格和读什么专业都是推荐的。我当时对自己今后学什么专业基本上是没有定见的，只是那个做科学家的梦想还没有放弃。我中学毕业时正值"文革"后期，我也直接到了机关工作。当时，毛主席号召大家要读马列原著，我也非常努力去读。现在回想起来，我接触社会科学的著作，应该就是从这时开始的。对于当时只熟悉《毛选》和"两报一刊"社论的我来说，马克思、恩格斯和列宁的著作，打开了一片思想的新天地，我开始对哲学和社会科学有了一点感觉。在读马列著作的同时，为了理解其中的内容，也初步接触了一些世界历史和中国历史的书，似乎逐渐就对历史也产生了一点点兴趣。

在工作了两年后，我有报名上大学的资格了，就马上报了名。那一年，经历了1973年张铁生事件后，大学考试形同虚设，只是大家坐在一起，提了几个问题，随意举手回答。我也许因为自己还读过点书，加上主考人就是我中学时候的老师，大部分的问题我都抢先回答了，加上我平时工作表现还不差，就获得上大学的资格了。当时不像现在那么看重选什么专业，而且招生的学校和专业的名额都是直接分配到各招生地的。分到我家所在那个县的专业，没有我理想中的数理化一类的专业。加上我当时也不知道从哪里来的观念，觉得好的大学比好的专业重要，我的中学老师中，有一位同学觉得很有学问的老师是中山大学研究生毕业的，所以当时我相信中山大学是我有可能选择的大学里最好的。而中山大学在我们那里只招两个专业，一个是地质，一个是历史，似乎没有多少人竞争。我那时候身体很瘦弱，就选了历史专业，就这样有点稀里糊涂地和史学结缘了。

那个时候在大学读书跟现在不一样，我们的身份叫作"工农兵学员"，工农兵学员到大学是"上管改"来的。我们一进大学，上了一个学期的中国古代史课程，就参与了《中国古代史》教材的编写。我们这些人，很多人连文言文都不懂，书也基本上没有读过，就要编写教材，当然是荒唐的。不过，对我来说，这可是一段很重要的经历。因为要编教材，还要用"开门办学"的方式，走出校园来编，我就有机会同很多老师，尤其是当时没有上讲台的老师有很密切的接触。甚至每个星期政治学习、民主生活，我们班都是和中国古代史教研室的老师一起。"开门办学"的时候更是和老师朝夕相处。这对我来说，还真是一种幸运。第一个学期末，我们"开门办学"，去广州铁路局集体拟订教材大纲，我和后来成为我导师的汤明檖老师住在一起。我们睡的是上下两层的通铺，我睡上铺，汤老师就睡在我的下铺。我每天晚上从上铺爬下来，都会看到老师盘着腿坐在床上，捧读着一本线装本的《宋史》。三十多年来，每当我稍有荒怠之念，这个情景就会一再在我眼前重现，鞭策着我继续前行。在广州铁路局"开门办学"的那些日子里，每天吃完晚饭，我和最要好的同学于仁秋都会跟汤老师一起，到附近散步、聊天，言谈之中受老师的影响很大，接受了最初的学术熏陶。汤老师在散步中也许很不经意但经常说的一句话，影响了我一生。他说："无论如何，这个世界还是需要有人读书的！"

我在中山大学三年，从1974年入校，到1977年毕业，其实有超过一半的时间没有正常上课。在校的时候，每周有固定两个下午的政治学习，还有很多的劳动，每年农忙时都要到农场、农村，还有经常的"开门办学"，还有整整一个学期到农村去做基本路线教育工作队了。三年中，真正能够坐在书桌前的时间，还不到一半。那个时候上的课，无论是古代史、近代史、现代史，还是世界史的课，我们全部都是跳着教的，缺少系统训练。我和几个志同道合的同学，不愿意虚度在校园的时光，就从第一学期末开始，组织了一个今天也许可以叫作读书会的小组。不过，当时我们就像秘密组织一样，开始时定期躲在课室里读书讨论，后来被其他同学发现，每个周末的民主生活会上，我们成为被批评的对象，结果我们只好东躲西藏，秘密聚会，就这样互相搀扶，读了一点历史的书。

我们几个当时也不知道书应该如何读，就从一个个我们觉得有兴趣的专题入手，课程学习到什么地方，觉得什么题目有趣，就确定一个题目，分头读书，隔几天聚会讨论一次。因为不敢找老师指导，只能自己盲目地读书讨论，什么题目都敢做，都敢写，由从猿到人一直写到农业合作化。虽然写的东西全都不能发表，也不知道那个时候哪来那么好的精力，反正几年下来，我们几个"研究"了不少的问题，也读了不少的书。

当时，尽管上课的时间不多，但外面的世界没有现在那么多诱惑，我们能够用在读书学习上的时间还是不少的。除了政治学习和劳动的时间，我在学校的时间基本上都待在系资料室或学校图书馆。当时学校图书馆的一楼大厅两侧摆放着两排书柜，进门左边一排是《马克思恩格斯全集》《列宁全集》和基本的工具书，右边一排是百衲本的《二十四史》《十通》和《十三经注疏》《册府元龟》《太平御览》等历史典籍。这些书都是精装的大部头，其中一些里面还盖有"陈寅恪教授捐赠"字样的印章。现在的学生在图书馆里见到这些书可能不会有特别的感觉，但当时的我，进到中区图书馆的大厅，面对这些书，感觉简直如同阿里巴巴进到藏宝的山洞时一样。我在那几年，经常来到图书馆一楼大厅里，好奇地翻阅着这些书，虽然没有认真阅读，但也找到了一些感觉，好像从中获得了一点灵异的力量，至今回想起来，那大概是我踏入史学门槛启蒙教育的一个很重要的部分。

那个时候在大学读书虽然气氛很压抑，但也有一些今天的大学生不一定能遇到的幸

运的机会。我进大学的时候，读古文的基础
知识是从读四大古典名著那里来的，基本
上可以说完全不懂文言文。"文革"开始那
年，我刚读小学六年级，之后就没有真正上
过学了，怎么可能阅读史学专业的文献呢？
记得第二学期的时候，在"评法批儒"的潮
流中，我们年级不知从什么地方接受了注
释《论衡》的任务，每个同学分别负责一
篇，由一位老师指导着来做，我的指导老师
是朱杰勤老师。在朱先生指导下，我从学习
读文言文开始，到最初接触文献校释。我每
周见朱先生一次，把一周做的校注草稿给先
生看。虽然我相信朱先生看到那些错漏百出
的文稿一定非常生气，但他还是每次都非常
耐心地指出我的错误，并给我很多具体的指
点。这就是我接受的最初步的历史文献学的
训练了。当时，我跟古代史教研室的老师们
每个星期都能见好几次面。另一方面，在系
资料室做管理员的老师也都是很有学问的学
者。那时系资料室主任是曾任上海图书馆馆

长的周连宽先生，他好几次在学生阅览室里
向我们讲解如何用工具书和查阅历史文献。
而管理学生阅览室的是谭彼岸先生，他是我
在校期间接触最为频密的老师。谭先生学问
非常好，曾写过一篇论《资本论》中的王茂
荫的长文，令我对他非常敬佩。我在资料室
里看书，可以随时向这些老师请教。虽然从
来没有听他们说过，但我能够感受到，他们
见到喜欢读书的学生，有着由衷的热情和喜
爱。这些老师知道你是想读书的学生，就非
常乐意指导，没有任何保留。可以说，我阅
读历史文献以至从事史学研究的基础训练，
基本上是在朱先生、谭先生和周先生的指导
下进行的。

当时的中山大学历史系有一间学生阅
览室（就是陈嘉庚堂），一进门右手边有一
个小房间，存放着近代以来中国史学的经
典著作，大多属于当时被划为"毒草"的
书。但我们可以没有任何限制地进到里面
去阅读这些书。更难得的是，读书凡是有

不懂的地方，就可以问谭先生，他有问必答，还常常细心讲解。记得有一次，我早上走进阅览室，谭先生拿着一本新到的《历史研究》，翻开里面一篇署了笔名的文章给我看，对我说，这篇文章是蔡鸿生老师写的，然后告诉我，做学问要向蔡老师这样的青年老师学习。这些话，今天听起来普通得不能再普通了，但在那个年代，一位据说有历史问题的老先生对着我这样的"工农兵学员"说这样的话，是非常难得的。无论是当时，还是现在，我都深深被感动着。这件小事，深深地影响了我以后几十年来对自己人生的选择。谭先生给我的指导，比起现在我对我的研究生还要多得多，还要细致得多。那一段经历现在回想起来，真的是终生难忘。

那个时候，大学毕业是统一分配的，基本的原则是"哪里来哪里去"。临毕业的时候，知道自己不可能继续在大学校园里读书了，我有点惆怅。不过，当时其实也没有特别失望，总觉得会有重新读书的机会。在临离开学校的一个傍晚，我和于仁秋一起去拜访蔡鸿生老师，言谈中蔡老师提到有可能要恢复高考和研究生制度。蔡老师当时对我们说了四个字——"笨鸟先飞"，至今深深铭记在我心中。毕业后，我到了法院工作。1977 年国家决定恢复招收研究生，我读书之梦又重新开始了。接下来是艰辛的备考历程。考试的准备差不多是从零开始，因为我在学校的时候缺乏系统的正规教学训练，虽然努力读了一点书，但从来没有考过试，对历史科目的考试如何进行完全没有概念，要再考研究生，就不得不从头学起。最致命的就是英语。我是进大学以后才开始接触英文的，开始时有英语课，可学完字母之后，还没学几句话，就被我们的同班同学"上管改"给改到废除了。所以，我在大学期间可以说根本就没有正规地学过英语，要考研究生了，这个英文怎么考呢？虽然那时候考试题目很浅，但我们的竞争对手多是"文革"

前中学大学毕业的啊。第一年我报考的是中国近代史专业，没被录取。我其实对社会经济史研究有比较多的兴趣，这可能跟自己的工作经历有点关系。我中学毕业后在工商行政管理局工作，读了一点经济学方面的东西。大学毕业后，又到了法院工作，除了准备考试，也读了一些法学方面的书。所以第二年知道汤明檖老师招收社会经济史方向的学生，我就改报了明清经济史方向。但这一年英语考试难度加大了，也不能带字典了，结果我只得了一个很低的分数，自然就没有被录取。只好再继续努力一年，终于在第三年勉强考上了研究生。这考研的三年，差不多等于重新读了一次大学，开始有点踏进史学门槛的感觉了。

二 户籍赋役制度研究

Q：您为何会选择明清时期的赋役制度作为您的研究课题呢？

我的导师汤明檖老师是梁方仲先生在岭

南大学经济系任教时的学生，在五六十年代一直是梁方仲先生的助手，而梁方仲先生是一条鞭法研究的大家。所以，从我进入汤老师门下做研究生开始，我周围所有老师都顺理成章地希望我能够接着把梁方仲先生的研究方向继续下去。你说是自觉也好，潜意识也好，反正我从入到汤老师门下起，就觉得这是一种使命。要说我从来都有自觉的意识一定要做这个方向，也不见得，我也考虑过选择其他的课题。不过，老师收我入门后，经常的谈话都让我感觉到有这样的期待，其他老师见到我，也都跟我谈这个期待。特别是有一次，我去拜访金应熙老师，他明确要求我一定要沿着梁方仲先生的路子走下去。我们当时对金老师是非常崇敬的，他的话让我有一种不可抗拒的感觉。当然，老师们都是用鼓励的语气来表达的，可当时我听起来觉得压力非常大。这种压力表现为三个方面。第一，梁方仲先生的社会经济史研究，同当时的社会经济史主流学者的研究路径不一样，我要有足够的长期坐冷板凳的心理准备。第二，我的研究必须继承梁方仲先生的学术传统，要在梁方仲先生已经提出的问题上展开，在研究方法上也承袭梁先生的方法，这对于当时的我来说，其实是有点困惑的，因为当时我读梁先生的著作，强烈感觉到要把握住梁先生的研究问题和方法不是一件容易的事情。第三，老师们虽然要求我继续沿着梁先生开拓的研究方向走下去，但也很明确要求不能在原地踏步，必须做出新东西来。我后来的求学和研究，一直是在这三方面的压力推动下前行的，我的每一种选择，都是在这种压力下做出的。这也许是我一直以明清户籍赋役制度为自己的主要研究领域，同时也努力去开掘新视域的一个直接的原因。

另一方面，我从事明清户籍赋役制度研究也同当时大的学术气氛或学术背景有关。特别是中国社会科学院经济研究所的经济史学者在 80 年代发起的一些讨论，譬如商品经济与地主经济的关系问题。这些讨论，可能在现在年轻一代学者看来，已经没有多少理论意义，但当时对我的影响确实很大。因为在那个大的历史环境之下，我们的整个理论思维逻辑，受中国马克思主义史学的影响很大。经济所的前辈们在当时展开的地主经济与商品经济关系等方面的理论探讨，引发了我们重新去思考明清时期社会经济发展的许多问题。还有经济所一些老先生，例如李文治先生，是对我影响比较大的一位前辈。我每次去北京，都会到他家向他请教，聆听他对中国封建社会后期社会经济发展的见解。今天大家读李先生的著作，可能会觉得是在苏联影响下形成的中国马克思主义史学的观点，但在我看来，他是一直努力走出当时流行的关于中国封建社会经济史的理论逻辑的。我从李先生的论著和他耳提面命的教诲中，更多读到的是他的地主经济理论其实是力图建立一种关于明清时期独特的经济形态的解释体系，提出一些与当时的理论"常识"不同的见解。以后如果要我来讲中国经济史研究的学术史的话，我还是想讲讲自己的这点体会。如果讲在马克思主义史学体系下的中国经济史研究，中国社会科学院经济研究所的先生们努力去建立的这个经济史体系，的确在马克思主义史学中属于非常正统的。但他们不是僵化地套用所谓的"理论"，而是一直从历史事实出发，努力在理论上做新的思考。他们在思考中遇到的问题是：那种从苏联照搬过来的"马克思主义史学"的经济史理论，用来解释中国历史上实际发生的经济问题，往往要面对不能自圆其说的矛盾。在七八十年代的时候，很多优秀的经济史学者其实都已经意识到这个矛盾，他们力图在理论上把它"讲通"。这种"讲通"的追求，到了今天，我们当然不会说一定是必要的。不过要知道，在 80 年代，他们力图去讲通，本身是有一个很实在的贡献，这个贡献就是引导我们正视历史事实与理论解释体系之间的矛盾。不管是吴承明先生、李文治先生还是他们的后辈，都通过他们的研究让我们这代人，起码是让我个人，产生一种强烈的意识，经常去思考原有的我们所熟悉的这套关于中国经济史的解释，跟中国历史事实有矛盾的地方，明白这是需要我们去面对的，更需要我们这代经济史学者去走出一条新路。

我想再以李文治先生为例多说几句。大家知道李文治先生对明清宗族制度的研究，不过现在做宗族研究的回顾时，常常很少再提及他的研究价值，但我恰恰是深受他的影响。李先生要提出来的问题是：明清的宗族究竟是原始氏族社会的残余，还是明清地主经济下发展出来的东西。也许人们会说，现在再问这样的问题，可能已不需要。但在当时这样问问题，对我们走出原有的思维逻辑可以说是一个刺激。如果说宗族只是一个旧的血缘关系的残余，那么那个逻辑就是商品经济越发展，人的自由度就越大，地主经济越发展，血缘关系就会越撕裂，就会解体。按这个逻辑，明清宗族越来越发展是讲不通的。李先生试图在当时大家熟悉的理论框架下，把这个问题讲通。当然，他的本意是想维护这个逻辑，我不想掩饰这一点，但是他客观上让我们明白了，宗族其实是一个在明清社会的现实环境中发展出来的新东西，并且是在明清时期随着经济的发展，随着人身依附关系的松解越来越加强的。李先生对我的启发说明，学术一定要放到那个时候它究竟提供了什么新的东西去理解。又例如，刚才我们讲关于地主经济和商品经济的讨论，我们现在大概也不会觉得是一个那么值得讨论的问题，但在那个时候，这样去提出问题，确实就会让我们去思考：在明清时期或者宋代以后发达的商业究竟是一个什么机制促成的，又对整体的社会经济结构产生了怎样一种影响。如果按照当时大家熟悉的逻辑，地主经济就是封建的、自给自足的自然经济，地主经济就是让封建经济得以顽强地长期延续下去，就是商业的不发达，而商业就是要破坏自给自足的自然经济，那么明清时期地主经济空前发达的情况下，商业的繁荣怎么去解释？这些讨论至少在那个时候刺激了我这样去想了很多类似的问题。后来自己读了很多东西，特别是寺田隆信的《山西商人研究》，我觉得思路豁然开朗了。原来明代以后整个商业经济发达是在这样的社会经济结构下发生的。我再回头研读《明史·食货志》，似乎整个问题就通了。我现在的看法是，商业的繁荣固然与白银、外贸大有关系，而要回答白银、外贸的问题，则要回到赋税即财政领域上。所以，学术就是要有很多人共同去努力，我们要从不同的研究中找到刺激，找到启发，然后再融会贯通到自己的研究中。

Q：您研究明清赋役制度时，一直和户籍制度连在一起。请问其中有怎样的思想脉络呢？

在中国社会经济史研究中，重视王朝的户籍制度，把户籍制度作为王朝时期社会制度最重要的基石之一来研究，是梁方仲先生的主要学术主张，他一直是从黄册、鱼鳞图册、里甲等户籍制度切入去探讨赋役制度以至社会经济结构的变化，在他关于明清社会经济史的解释体系里，户籍制度跟赋役制度是连在一起的。在《明代一条鞭法年表（后记）》中，梁先生明确指出里甲户籍制度是朱元璋手订的"画地为牢"的封建秩序的具体实现。对我有更直接影响的，是我的导师汤明檖先生。1982 年，中国社会经济史学界在中山大学开过一个在改革开放之后很重要的大型学术讨论会，会议主题是"中国封建社会经济结构、特点和发展道路"。中国社会经济史学界大多数当时还健在的著名学者差不多都来了。汤先生在这个会议上发表了《从户籍制度看中国封建制下的小农》。这篇文章讨论的问题现在也许已经越来越被学界了解，但在当时，大家讨论小农与小农经济的时候，没有更多的人会从户籍的角度去思考和讨论。类似的观点过去王毓铨先生也有深刻的讨论，对我也有很多启发。在传统中国社会里，像小农、农民这一类的范畴，如果离开中国王朝的户籍制度，不考虑各种制度化的环境，是很难理解的。不管叫小农也好，叫地主也好，其实首先都是王朝的编户齐民，是在王朝户籍制度下的臣民。离开王朝的户籍体制空谈小农与地主、商人，空谈小农是自由还是不自由的，都很难说清楚。

当然，还有一个可能不是很自觉，但有一定影响的因素，就是我自己的生活经验。在我们的生活环境中，我们每个人都能够感觉到，户籍制度在中国实在太重要了。不只是城乡户籍，就是从一个地点到另一个地点也非常重要。比如说，到广州来打工，打工不能入籍。不能入籍，接下来一切的问题就都出来了。你自己有这个生活经验，马上就会感到这个东西是如何的重要。80 年代以前研究明清史的著作，之所以很少有人意识到户籍制度的重要，没有把户籍制度纳入理解社会经济结构的视野，只是因为大家都有点教条主义，从概念、从苏联的理论体系出发。其实我相信，每个学者只要从个人经验出发去想，本来都应该有这个意识的。但当时生活在中国的人们可能对户籍制度已经习以为常，见惯不怪了，而国外的学者又很少对户籍制度有切身的体验。

Q：在梁方仲先生的研究中，一直把明代中期的赋税制度改革与户籍制度联系起来，那么您对于明代赋税改革与户籍制度的研究，如何在继承梁方仲先生的研究基础上，提出了进一步的解释呢？

梁方仲先生以一条鞭法为中心，对明代赋役制度改革进行了深入透切的分析，提出了一系列重要的见解，我在《梁方仲文集》的序言里，已经对梁方仲先生的研究做了概略的介绍，这里就不重复了。至于我自己的研究，毫无疑问是在梁先生的启发下进行的。我自以为有更多一点贡献的地方，大致在以下几点：第一，我进一步论证了明初的赋役制度是一种等级户税，我特别强调明初里甲制下的"户"，作为一种课税客体，是人丁事产的结合体；同时作为一个纳税主体，是以家庭为基本单位的。第二，我具体分析了无定额的户役怎样分解为定额化的地税与丁税，讨论了明代赋役由等级户税衍变为定额化的比例赋税的发生机制和发展过程，并认为这是一条鞭法最为本质的内容，在此基础上理解明代财政体制发生的根本转变。第三，我论证了一条鞭法下的里甲制的基本单位"户"由承担赋役主体的家户衍变成作为赋税登记单位的账户，分析了一条鞭法如何为里甲制下户的这一本质性的改变提供了可能。这些研究，从王朝制度变革的角度，解释了明代中期以后的社会和国家转型的制度化机制，也为说明白银货币如何成为明代社会变迁过程的一种动力提供了一种结构性分析的基础，揭示了一条鞭法与明代社会转型的内在关系。我以为这是我所有关于明代社会与国家构造的研究中最具基础性的部分。

三　由制度史到社会史

Q：那后来怎么又把户籍制度与宗族制度联系起来呢？

这就涉及我的《在国家与社会之间》那本书的最后一章讨论的问题了。那一章本来是在 1987 年的一次区域社会经济研究的学术讨论会上提交的论文。一般的教科书以及很多的著作都会讲到，里甲制度到清代以后就被保甲制度取代。可是我们从很多地方的文献，都可以看到里甲制（又称为图甲制）其实一直到清代末年都是很重要的地方制度。例如清末广东的《顺德县志》《南海县志》都有图甲表，图甲表中有总户、子户这样的名称。我们在地方文献中碰到这些材料，头脑里自然就产生出很多问题，就会留意更多东西。在 80 年代前期，日本学者片山刚发表过几篇文章讨论这个问题，也启发了我。我一点日文都不懂，片山刚的这些文章我那时候是用很笨的办法看的。先是连估带猜，把这几篇文章中我认为可能中文是怎么样的点出来。他用的材料我都非常熟悉，在事实方面我理解他的讨论并不困难，对于他的判断性和结论性的部分，就去问懂日文的朋友，看我有没有理解错。坦率地说，他的文章提出的问题虽然很有启发，但他的判断和论述，在基本的解释逻辑上我认为是不正确的。我先是写了一篇很长的直接针对片山刚研究进行讨论的笔记，但我不愿意直接以商榷的方式来写论文公开发表，于是就改写成一篇正面讨论图甲制的论文。现在你们看到的那本书的第五章，就是在那篇文章的基础上写的。由于我没有过多直接地针对片山刚的研究以商榷的方式来讨论，后来人们似乎大多没有读出我与他的分歧在什么地方，现在不妨趁这个机会做一点说明。片山刚指出了一直到清代末年还存在图甲制，这个图甲制有很多值得注意的内容，特别是户名不变，一个总户常常包括了一个宗族，而总户下的子户则往往是宗族下的房支，真实的家庭则以丁的方式存在图甲制下。他所揭示的这些，在事实方面大致也不错。但是，他以为这种现象是由税粮不过割和户名不变的惯例造成的，并认为这是宗族组织发展的结果，这是值得质疑的。但我想我和他的根本分歧，在于他把"户"（总户与子户）理解为一个社会群体的单位，而我则把"户"理解为一个田产税粮登记单位，并不必与现实的社会单位直接对应。在一个社会群体单位（例如宗族）只有一个户的情况下，可以认为这种分歧的差别不大。但是，在一个社会单位拥有多个户，或一个户由多个社会单位支配时，这种分歧就显示出本质性的差异了。我还认为，图甲制的这些变化，与税粮不过割的习惯没有关系，而是明代一条鞭法赋役改革的结果。一条鞭法下的赋役征派办法，令"户"演变成一个赋税登记单位，即从一个社会单位变成一个类似于账户的登记单位。恰恰是这样一个制度的改变，为明清宗族以及其他各种类型的民间社会组织的发展提供了制度上的动力和保障。片山刚为什么没有从这个角度去论证呢？我想主要是因为他从近代史研究切入这个问题，看到清末图甲制的现象，就由近代往上推。也就是说，他整个的理解逻辑是从后往前推，看到清末是怎样，就假定前面原来是怎么样的。他认为"总户"是由开始时的"户"后来不断扩大而形成的。因为户名不变，明初的一个户后来就发展成了一个宗族，就是"总户"；因为宗族有分支，分支为各房各派，就是"子户"。他的这套说法从事实方面你说他全错，那是不公平的，大量的事实可能就是这样。但为什么我说他错，错在哪里呢？错在他不明白他说的这个现象背后的制度原理。他的这套说法，只是在我努力探寻的制度原理的基础上产生出来的一种结果、一种现象。但是，现象本身不是制度。我所说的制度的原理其实很简单，就是"户"此时能够成为一个账户，一个纳税户，它能够容纳不同的人来共同使用。这个"户"跟明初黄册制度下的"户"是"家户"的那个"户"不一样。片山刚先生说是因为户名不变。户名不变当然是一个事实，但是问题并不出在户名不变上。因为如果说问题出在户名不变上，那户名变了是不是就不是这样呢？其实不是。问题的根子还是在一条鞭法上。我认为如果说在这方面我觉得自己比较"自以为是"的话，那就是我明白一条鞭法就是片山刚先生所说的这个现象背后的制度。因为一条鞭法，整个税制改变了，使得这套户籍制度变成另一种模式，跟明代的里甲制截然不同。原来同一个祖先下面的子孙固然可以共用一个户，但是这些子孙也可以同时用其他户。因为这个制度允许有很多个户名，每一个户名下面涵盖的实际存在的社会群体也可以不一样，不一定是个支派。所以，什么人根据什么原则在一个户名下面交税，就不是一个简单的由老子生出儿子，儿子再生孙子这样的原理去制造出来的。同一个户内，可以有很多种社会关系，可以是血缘的，可以是合约的，也可以是其他的利益群体。

回到宗族的问题上。那么为什么宗族后来会变成这么普遍的一种语言呢？因为可以在其他各种关系上用宗族的语言，用宗族的形式来组成，所以就造了片山刚说的那个宗族出来。如果把视线拉到清末就很清楚，你会发现除了宗族以外，出现了很多会，出现了很多各种各样的名堂。在清末的广东，你可以看到，不单宗族共用一个户，会也共用一个户，其他关系结合的群体也共用一个户。所以仅仅从户名不变更这种血缘衍生出来的关系来解释图甲制，就是把因果倒过来了。而且还会造成一个误解，好像血缘关系是清代以后很基本的一个社会关系。这样的话，我们讲宗族是一种语言，是一种文化的表达，就跟片山刚所说的发生矛盾。这就是为什么在这方面我比较坚持自己的解释。如果不是一条鞭法，就不能够理解为什么这么多人可以共用一个户，这是问题的关键。我们不能把宗族理解为一个大家真的可以和睦相处的群体。按片山刚的说法，就是同一宗族里兄弟之间是可以和睦相处的，可以处理这些利益关系的，其实不是的。一定有另一种机制来解决——我们虽然是兄弟，但还是会因利益关系打得你死我活，不过我们还是可以在同一个户。那是为什么呢？我觉得只有在一条鞭法实行以后才有这个可能。为什么？关键是不用去当差了。不用去当差对现代社会的人来说好像没什么，可如果回到明代，当差和不当差就大不相同。不管是南方还是北方，当差是最重要的负担，是最难处理的关系。整个明清时期，虽然在田赋方面也谈均粮问题、浮粮问题、逋负的问题，但是那些问题其实还是由当差这个负担衍生出来的，它们背后一直没真正解决的是当差的问题。只有到了一条鞭法之后，逋负的问题才真正成为尖锐的问题。但逋负的问题不用重新去组织，它只是个怎样把税收上来的问题。当差就不同了，当差直接影响到要重新考虑怎么去组织乡村基层的各种人的关系，就是里甲怎么重整，怎么可以运作。所以说，只有在一条鞭法改革之下，这个转变才可以得到真正理解，而宗族发展也就能够在一个制度变化的背景下得到解释。

Q：每年暑假的历史人类学高级研修班，有关如何解读族谱一般都是由您来讲授，您的一些观点和其他人好像也不太一样。是否可以说您读得更懂一些呢？

我读族谱可能是同大多数人有一些不同，当然不能说我读得更懂一些，只是角度不一样。我相信真正对族谱熟悉的应该还是郑振满。我关注的事情跟他关注的也可能不太一样。其实我从来不认为我是研究宗族的，我更多关心的是明初的社会怎么转变成嘉靖、万历时期的社会。我自认为我真正讨论族谱的东西，最重要的还是我在上海《中国谱牒研究》（上海古籍出版社，1999）和

《中华谱牒研究》（上海科学技术文献出版社，2000）上发表的两篇文章（即《附会、传说与历史真实——珠江三角洲族谱中宗族历史的叙事结构及其意义》和《族谱与文化认同——广东族谱中的口述传统》）。文章虽然很短，但那真的是在读了好多好多族谱后，才觉得好像能讲出一些道理来。这两篇文章我一直写不出来。因为要读很多的族谱才会有这样的想法，可怎样写成文章我一直很苦恼。你不把很多族谱中的东西引用出来，就讲不清楚，但一一引出来，就会很累赘。后来我只能用举例的方式来写。其中《附会、传说与历史真实》，就是用上海图书馆所藏的《（广东）顺德竹园冯氏族谱》为例子写的。这篇文章在上海第一次开族谱会议的时候我就想写。当时，开完会后，我在上海多留了一天。我对自己说，我就在这里随便找一个族谱，如果还是符合我的论点，我下次就写这篇文章。结果随机地提了一种族谱出来，打开一看，哇，很高兴，正符合。于是我就用这个族谱写了一篇文章。其实，我里面谈的看法，不是从这部族谱读出的，而是过去读了很多很多的族谱后得出的，只是写文章的时候，只用一个材料来说话可以比较清楚而已。

我同科大卫读明代珠江三角洲的那些材料很多年，也有很多讨论，就我们知道的范围而言，这一地区的材料基本上都熟悉了。当然，近年来，陆续有些新的碑刻，新的族谱被发现，这些新出现的东西，可能有些我们不是很熟悉。但就八九十年代来说，我们把能看的基本都看了，所以我们对明代珠江三角洲这个地方发生的历史，自认为能够搞清楚的都已经很清楚了。我们解读这个地区的族谱，是有比较清晰的社会历史背景的了解的。我们习惯把族谱放回到这样一个脉络里面，族谱中的内容表达了什么，哪个时代的人编的，或者他讲的事情是哪个朝代的，你放回到那样一个时空里面就可以比较清楚地去理解了。

当然，族谱有着不同方面的材料价值，我在历史人类学研修班上一般只讲族谱为什么这样，讲一个谱系的表达跟历史的关系。所谓我读得最懂或者说我有什么新的理解方法，可能主要在这方面，即把族谱中的谱系放回到特定的历史时空当中去解读。但其实，族谱还有其他很多的材料，比如财产记录、家训、遗嘱、分家书等等，这些材料还是郑振满读得更懂。我毕竟不是做宗族的，我关注的只是明代的这个地方究竟发生了什么变化，这些变化又如何影响着人们对谱系的记忆和表达。

四　走向历史人类学

Q：虽然您不自认为是做宗族研究的，但您和科老师关于宗族应该放在礼仪和意识形态里面去理解的观点，非常独特。这个观点是怎样形成的呢？

你说的是我们发表在《历史研究》的那篇文章吧（即《宗族与地方社会的国家认

同——明清华南地区宗族发展的意识形态基础》,《历史研究》2000 年第 3 期)。那篇文章是我们已经有很定型的想法以后才写的。当然我的思考历程,跟科老师可能不太一样,但是差不多最后大家都比较一致。引起我形成这个想法的读书经历,也许可以追溯到陈寅恪先生的《隋唐制度渊源略论稿》一书。1979 年,我准备报考中国古代史的研究生时,中山大学中国古代史专业研究生招生考试的指定参考书之一,就是《隋唐制度渊源略论稿》。这也是我前面提到的,在中山大学,陈寅恪一辈学者的学术传统一直有深刻影响的一个例子。大家知道,1979 年,中国改革开放刚刚开始,但中山大学在"文革"结束不久招考研究生的指定参考书就已经有当时中国史学界几乎已经遗忘掉的《隋唐制度渊源略论稿》。我相信这在其他学校是不太可能的。因为是指定参考书,我就努力去找,很幸运地,我竟然在韶关的书店买到一本,还是"文革"前的旧版,这不知是偶然还是幸运。买回来，翻开书一看，我傻眼了，因为那本书就那么薄薄一册，第一章占了大部分的篇幅，就是从礼制来讨论的。当时我读过的历史书大多不讨论礼制问题，我完全不能明白礼制为何那么重要。我要考的是经济史，以为王朝制度中应该是财政制度才是最重要的，但这本书中财政制度的篇幅不多，礼制反而占了最重要的位置。当时的我完全没办法理解，也读不懂。但因为这是考试指定的参考书，你读不懂也得读啊。硬读下去后，虽然其实也没有读懂，但给了我一个非常强的观念：在王朝制度里面，礼制有着非常重要的地位。因此，尽管我后来一直做社会经济史，但还是很强调关注礼制，认识到礼仪有多么重要的观念就是从里开始逐渐形成的。而科大卫开始可能受韦伯的影响，重视的是法律。后来他在研究过程中慢慢认识到，在中国关键的问题不是法律，而是礼仪。这也许也是我们两位出发点不一样的地方。科老师基本上是从西方思想的传统出发，通过中国历史的研究，最后明白要理解礼仪，才能理解中国社会的法律。

至于所谓的"意识形态"，则是从另外一个传统，就是英国人类学家华德英那里来的。华德英提出的意识形态模型，对我们一群从事华南研究的人来讲，影响非常深，差不多可以说是我们华南研究中理论思考的精髓所在。我们对社会的理解、对文化的理解，基本上是由这个意识形态模型出发的。而我重视意识形态还有一个渊源，就是因为我是从读马克思的理论走入学术世界的。我认为马克思的理论是非常重视意识形态的。人们一般讲的马克思主义是斯大林式的马克思主义，常常以为意识形态是从属的。当然，马克思主义是一种政治哲学，作为一种世界观，它强调唯物主义。但是作为一种历史观，一种历史解释方法，在马克思自己那里，对意识形态恐怕就不是大家以为的那么轻视。我个人非常喜欢马克思的历史著作《路易·波拿巴的雾月十八日》和《1848

年至 1850 年的法兰西阶级斗争》。在这两
部著作中，你不但可以看到思想、观念，甚
至还能看到人的心态怎样在历史进程里面发
挥作用。我在早期读马克思的《关于费尔巴
哈的提纲》时，给我最强烈的印象的，不是
马克思强调了"实践"范畴，因为当时我们
已经对毛泽东的"实践"范畴非常熟悉，而
是马克思强调了"实践"是"人的感性活
动"，是从主体方面去理解，并同"客体的
或者直观的形式"相区别的。这一点对我的
历史观有非常深刻的影响。我相信，要理解
"主体"的"感性活动"，就一定要重视理
解"意识形态"。我们这些人都是从十几岁
开始读马克思的著作，因为读马克思的缘故
还读了黑格尔。从黑格尔到马克思，他们都
强调观念、意识形态怎样在历史过程里制
约、限定甚至引导着人们的活动。所以，重
视从意识形态去解释历史，从一开始就是我
的历史观。大家也许会觉得这是一个与历史
唯物主义相矛盾的历史观，但我的确是从马

克思那里得到启发的。

Q: 您在番禺沙湾做了相当一段时间的田野调查，您对沙田宗族与神明的研究也鲜明地体现着田野调查的色彩。请问您当初是如何选择沙湾作为田野点，又是如何从田野中获得对宗族、神明或其他论题的体验与灵感呢？

那是在 1987 年还是 1988 年我忘了，就是科大卫在香港中文大学的时候，他在中国文化研究所申请到一个珠江三角洲农村社会研究的项目，要在珠江三角洲乡村中做调查。我就跟他一起去找三个调查点。我们当时选择了三个乡村，第一个点是三水芦苞，我们去看了一下，觉得很有兴趣，可以作为一个研究点，后来由罗一星负责。第二个点是番禺的沙湾，是叶显恩老师推荐的，我们去看过，也觉得可以做。第三个点我们开始没有什么头绪，后来发现，科大卫的母亲跟我的岳母有共同的家乡：南海县的沙头。我们当时的想法是，芦苞位于珠江三角洲比较上游的位置，沙湾比较靠近沙田，沙头则处在这两个点的中间，从自然地理来看，是不同的成陆时期；从社会状态来说也似乎不太一样。我们选定了这三个点，就开始找了几位朋友一起商量如何开展调查。调查正式开始，是在 1989 年，罗一星负责芦苞；陈春声、戴和与我三个人一起去沙湾和沙头。科大卫、萧凤霞还有叶显恩老师，也经常会和我们一起在乡下做调查。那个时候，我们其实并没有什么经验，不知怎么做、做什么，只是觉得我们要了解这个地方的历史和人，需要在田野中跑。我们在乡村中，什么事情都有兴趣去问，对乡下东西似乎什么都有兴趣。后来，我们感觉到，沙湾和芦苞是可以做出点什么来的，而沙头就半途而废了。为什么呢？不是这个地方不重要，而是我们当时找到的所有访问对象都是抗战胜利以后才从香港、澳门回来的，这个地方很多人在沦陷时期都跑到香港和澳门去了，在香港、澳门住了若干年之后才回来。讲抗战后还是讲

早了，很多人其实都是 50 年代甚至 80 年代
在香港、澳门退休以后才回到沙头的。所以
他们的记忆里把本地的事情跟外面的事情混
得很厉害，他们几乎没有办法讲出一点儿稍
有系统的本地东西。我们在那里待了一个多
月，每个村子都走完了，加上又没有找到文
字资料，仅有几块碑，最后觉得没有办法把
这里作为一个整体来展开研究，就实际上放
弃了。相反，我们在沙湾学到的东西不少，
我现在对珠江三角洲的了解很大程度上得益
于沙湾的经验，尽管现在写出来的东西也没
有多少。我觉得自己比较重要的是关于沙田
与族群的研究，我的认识基本上是在沙湾调
查的过程中形成的。因为在沙湾我住的时间
长，而且访问的人也比较多。

我第一篇写神明崇拜的文章应该就是
发表在《中山大学史学集刊》的那篇文章
（即《神明的正统性与地方化——关于珠江
三角洲地区北帝崇拜的一个解释》）。神明
崇拜一类问题，我们在 80 年代中期以后其

实一直都有很多的讨论。我们下去跑的时候，一开始也不是很确定自己要做什么，看到乡村里面什么都会有兴趣，乡民的拜神和神诞活动自然也是比较吸引我们的。这篇文章和后来我们与香港中文大学、厦门大学等多家学术机构合作的"华南传统中国社会文化形态研究计划"的项目有关系。

大约在 1990 年还是 1991 年，萧凤霞在香港募到一笔捐款，她就在香港中文大学人类学系设立了一个项目。我们设定出了一个后来简称为"华南研究计划"的项目。在 80 年代，我们在香港学界的一些朋友曾经搞过一个华南研究会，我们当时策划的这个项目也叫华南乡村社会研究。确定了这个项目的设想后，由我负责在广州和厦门找人，很自然地就找了厦门大学的陈支平、郑振满，在广州则找了陈春声、罗一星和我，就开始了一直延伸到后来多个合作项目的研究。这个项目当时的运作方式，是参加者各自选定一个地点独立做自己的研究，每两个月举办一次工作坊，以一个点为中心，大家聚集到那个点去考察并讨论。

这个计划的第一次工作坊是在新会县的潮连举办的，当时我跟科大卫、萧凤霞正在潮连做田野调查。第二次是在佛山。在第一次工作坊上，其实我们还不是很清楚要干什么，到第二次工作坊，我们说还是要讨论一个我们能够共同关心的问题，当时就谈到了我们应该以神明的崇拜作为一个中心话题。我们当时理解的神明崇拜是广义的，祖先崇拜也可看成神明崇拜，总之就是包括乡村里面各种各样的信仰与仪式。后来，我在乡村跑，做研究，信仰和仪式一直是我们关心的主要课题。学界有人说我们是"进村找庙"，确实说到了我们在乡村做研究的特色上。我们进入乡村，如果不找庙（当然也可以是其他类似的标志），你往往不知道从哪里着手，所以很自然就有了这个关注和兴趣。

回到我那篇文章上去，当时蔡鸿生老师主持的中山大学宗教文化研究所要搞一次学术报告会，要陈春声和我报告一下有关民间宗教的研究。陈春声讲的是关于三山国王的，而我因为对珠江三角洲了解最多的还是北帝，手头有一点现成的材料，于是就写了那篇《神明的正统性与地方化——关于珠江三角洲地区北帝崇拜的一个解释》。那篇文章我自己当时还没有太当真，这种题材的文章在那个时候也似乎没有其他合适发表的地方，就只是在我们系编的集刊上发表出来，后来宋怡明（Michael A. Szonyi）在加拿大编一期《中国研究》的时候，请程美宝翻译成英文再发了一次。后来，我又写过一篇专门讨论沙湾北帝崇拜的文章《大族阴影下的民间神祭祀：沙湾的北帝崇拜》，在台湾"寺庙与民间文化社会"研讨会上提交了。我讨论神明崇拜与乡村社会的还有一篇文章《大洲岛的神庙与社区关系》，收在陈春声、郑振满编的《民间信仰与社会空间》一书里。那其实只是个调查报告。那个调查本来不是我去做的。有一年，我们系的学生去那里做社会实践，陈春声代表学校去看望这些学生，发现这个岛很有趣。后来就让我带着一个学生到岛上住了一个多星期。时间虽然很短，但所见所闻确实引起了我很大的兴趣，这次调查对我建立起对神明、寺庙跟乡村关系的认识，是一次很重要的经验。后来我还写过一篇文章谈天后的，一直没有正式发表。不过，我关心的其实不是宗教层面的问题，研究这些神明崇拜，目的还是希望了解珠江三角洲这个社会在明代以后发生了什么转变，其实我对宗教真的是不懂的。

Q：您刚才讲到，您对珠江三角洲的理解很大程度上得益于沙湾的经验，比较重要的就是沙田与族群的研究。您怎么会关注到族群呢？对于"族群"这个概念的使用是如何看待的？

我们开始在广东做调查的时候，就已经对族群有很多的兴趣了。但我们所有的讨论里用到这个概念，基本上还是在英文的语境下来理解的。ethnic groups 这个词在英文里的内涵和外延都比较清楚，大家对其约定俗成的含义也非常清楚。但我们在中文语境里用到"族群"这个词时，其语义似乎就不是那么清晰了。如果有人问"族群"是什么，我可能只会说，它就是英文的 ethnic groups。直到现在，在我的观念里，这个词还只是一个英文的概念。所以中文用什么字词表达，对我来说，不是一个特别清晰的问题。我和萧凤霞用中文合写疍民那篇文章（即《宗族、市场、盗寇与疍民——明以后珠江三角洲的族群与社会》，《中国社会经济史研究》2004 年第 3 期）的时候，国内的学者似乎已经比较多用"族群"来表达，我们也就照着用了。我不太看重中文用什么字词来翻译好一些这个问题，因为英文的学术界，尤其人类学学者们，早已经对这个概念都有清楚的界定和共识，我们借用过来就是。这个不是什么地方中心的问题，既然这个概念在现行的社会科学体系里面已经有约定俗成的理解，我们接受就是，知道什么意思就行了。不过，对于我们这些历史学者来说，还有一个很重要的传统影响着我们，我在这里想强调的是中山大学一直以来的人类学传统，这是从杨成志先生、江应樑先生到梁钊韬先生的传统。还有罗香林，虽然他用"民系"，也用"民族"，讲到客家人就用"民系"，讲到其他的人群可能用的是"民族"。我们很熟悉中山大学原来的西南民族研究传统，因此族群问题很自然地一直在我们的视野里面，尤其像疍民一类问题。我的确很早就关注疍民，刚进大学不久，我们去附近的新滘公社的农村做访问，就听过已经成为公社社员的疍民讲述过去被岸上人欺压的故事。当时尽管不是一种以研究为目的的关注，但很直接体会到疍民就生活在我的身边，并不生疏。中山大学北门对面的二沙岛，过去陈序经先生曾在那里做过沙南疍民的调查。我们一出北校门，就会见到数只中老年疍家妇女撑的小艇停靠在那里，我们可以坐她们的小

艇到对岸去玩。还有，我以前从家里到学校
来回都是骑自行车，每次都会经过现在叫海
印公园的一段路，那一带就是疍民聚居的
地方，一大片都是他们在珠江岸边用各种
木头架出来的吊脚屋，一直到 90 年代都还
在。而且对广东人来说，疍民受歧视，他们
不能穿鞋，不能上岸，这个也是我们从小就
非常清楚的常识。可以说，疍民的问题同我
们很直接的生活经验是紧密联系着的。我们
到珠江三角洲乡村中，比如说小榄，他们用
的一套区别人群的话语，在我的文章里面讲
了，是"里面/外面"。差不多只要跟他们
谈到跟周围人的关系，"里面/外面"是不
停地被重复提到的概念。每一群人你跟他
谈，他都会把外面的人说成疍民。然后你
到了被他说是疍民的人那里，他会说"再
外面的人是疍民，我们不是"。一直到那些
真的连自己的庙都没有的地方，他才会说：
"哦，我们是疍家"。可以说，在我们的生
活经验和田野经验里面都会自然而然地涉

及这个所谓的"族群"。萧凤霞和我写的那篇讨论疍民的文章,其实是我们有了这些认识至少十几年以后的事情。它不是一个很刻意去做研究的东西,却是我们在长期研究经验中慢慢形成的看法。总的来说,对我而言不是因为要做什么就去调查什么,对我们影响很大的还是年鉴学派所谓"总体史"的这个概念。所以我们下到乡村也好,看文字材料也好,都没有限定说我是做什么的。我比较怕人问我你是做什么研究的,不知如何回答,因为我什么都做,不过什么都没做好。

五 历史学的关怀

Q:2006年,您在《历史研究》上发表了《从乡豪历史到士人记忆——由黄佐〈自叙先世行状〉看明代地方势力的转变》一文。这篇文章和您其他的文章在风格上看起来不太一样。请问您这篇文章的写作背后是否有什么您认为不一样的地方?

这篇文章的写作风格其实是我自己最喜欢的，因为那是我读书中不经意得到的心得。我这些年写的那些乡村社会研究的文章，当然也是读书与田野调查的成果，不过跟我读研究生时受到的读书训练不同，那叫作"研究"，而这篇文章可能不能算是"研究"出来的。当年我读《明史·食货志》，就是看到每一句话，如果有困惑，就去找各种材料帮助自己解惑，这是一种笺证的方式。那篇文章开始只是一个读书笔记，其实我比较早就做出来了，当然里面也有一些材料是这两年新补上去的。例如东莞陈琏的《琴轩集》，原来的那个版本太简单，直到东莞的杨宝霖先生把它影印出版后，我才看到现在用的这个版本。但最基本的材料很早以前都接触到了。我的做法其实也很简单，一看就知道那些想法是怎么来的。《双槐岁抄》是我们学明史的人必读的笔记，其中讲到黄佐祖先黄从简的一段很容易记住，因为黄佐在明代广东历史上是一个重要的人物。但是一读《庐江郡何氏家记》，里面并没有提到黄从简。这个大概是 20 多年前的印象。有了这个印象，我脑中逐渐形成了一种认识：黄佐制造出来的那套历史，就是明初发生的事情加上黄佐讲出来的故事构成的。这个问题同我讨论明清广东族谱的那几篇文章还有点关系。我们读族谱，读多了就会发现，每个家族都在讲一套这个模式的历史，我把这种历史叙述的套路称为"结构"。在这个地区，讲述先世的故事，都有同一个结构，大家的历史都是这个套路，背后一定有一些文章可做。所以，表面看起来，这篇文章只是一篇读史札记，考订了一些事实和史料，但其实，我的用意是借助这个例子，表达一种对历史的认识，在历史认知这一点上，同我们的田野经验和在田野里形成的认识是一致的。

Q：无论是从您前面的谈话，还是从您涉足的学术论题，我们都可以看到，明初到明中期社会转型始终是您关注的核心。您能

谈谈明中期社会转型的问题吗?

这是在我过去 30 多年来所从事的研究中最核心的问题,也是梁方仲先生的研究中一直关心的最核心的问题。这个问题就是明代社会(其实也可以说是国家)的转型。

这可能跟中国历史学界长期关心的几个问题有关。其中一个问题是,从明到清,社会是不是发生了变化,明清社会的差别在哪里,历史中有"清承明制"的说法,但清朝体制究竟是不是真的跟明朝一样呢?在1949 年以后,在社会发展"五阶段论"的历史框架下,有一个问题叫作中国封建社会分期问题,除了中国历史的分期问题,还有中国封建社会的分期问题。换句话说,这个问题其实一直是做明清史的学者都要面对的。写王朝历史的,要面对的是清跟明的关系。讨论资本主义萌芽的,要面对的是资本主义萌芽给历史带来什么转变。从社会发展史的角度来看,则是如果说从明代进入所谓中国封建社会后期,那么表现在哪里?有什么特征？为什么到了所谓"后期"也没有垮掉？如此等等。这所有的问题，如果我们剥掉了包装的外壳，可以看到背后在思考的其实是同一个问题，就是到近代以后，我们面对的所谓传统中国，是怎么变成这个样子的。而大家完全凭直觉也可以明白，这个样子其实是明清之际，或者说是明中叶弄出来的。如果有这点印象，很自然地就引出这个明代社会转型（或者说国家转型）的问题。

梁方仲先生是从一条鞭法切入去探讨这个问题的，他在《一条鞭法》开头写下的那段话，对我影响很大，可以这么说，差不多框定了我研究的整个思路。我把这句话的意思理解为，一条鞭法代表了一种新的制度、新的国家、新的社会、新的经济体系。我在自己研究中逐渐明白一个其实很简单的道理，一个国家的构造，或者我们说的政府和老百姓之间的关系，从过去当差应役的关系转变到缴纳货币赋税的关系，体现了完全不同的国家性质。学界讲一条鞭法，主要强调两点：一个是货币税的问题，用货币缴纳；再一个就是取消人头税，人头税变成土地税。而从货币赋税着眼，强调的是商品经济的发展，从人头税到土地税的转变着眼，则是同人身依附关系的松解联系起来。现在大家也许很容易明白，这种思路，其实是从资本主义发展的角度，用封建社会衰落的模式，对历史发展做出的公式化理解。这套模式用的概念与分析逻辑现在大家比较少采用了。虽然我们可以不用这套概念，但我们还是要看到这里面隐含了一个内在的历史转变过程，就是市场活动的影响以及国家与百姓关系的转变。我们讲社会的转变、国家的转变，很多时候其实是在讲不同个人或人群的交往方式的变化，不同层次社会权力之间关系的转变。具体而言，就是国家怎样去控制社会中的人，以及在社会里面人们如何去应付相互之间的关系和王朝国家的统治，这个格局如何影响人们之间的相互关系，国家权力跟基层社会之间怎样互动。从这个意义上来说，如果我们不去纠缠什么商品经济就是资本主义、人身依附的削弱就意味着封建生产关系瓦解一类问题的话，只是回到我们所看到的事实层面，这种转变还是非常重要的。但是，问题并不在于指出这两点变化，而是要指出这两点变化的实质。从这样一个角度出发，一条鞭法，是我们揭示上述转变的本质的一个非常重要的切入点或者关键点。如果我们只是把一条鞭法简单理解为从实物税或者力役到货币税，人头税到土地税的转变，也许还不足以揭示出社会的深层转型。所以我们要强调的是，这样一种从表面上看到的，用我们现在的财政赋税概念来解释的事实背后，还有更深刻的变化，这里涉及对古代中国的财政体制如何理解的问题。

对于一个王朝国家而言，最重要的是获取资源以维持运转。获取资源的体系和机制是王朝体制中最重要的制度之一，建立一套可以有效运作的制度并且维持其稳定是维持王朝国家的要务。今天我们比较多地把这一类制度称为赋税财政制度，从狭义上讲这个提法没有问题。但是我们必须注意到的是，赋税财政制度的表现形式是资源的汲取和运用，但其本质上乃是基于特定的社会关系与交往方式，是国家权力与老百姓的交往方式。在这个意义上，"获取资源的体系和机制"就不单纯是财政学、税收学框架下的问题，还是牵涉社会整体的一套架构。赋税财政是一把钥匙，我们关注它，是因为我们要借助它来揭示国家体系与运作及转变这些大问题。

同大家的理解不一样，我们需要认识到一个基本的事实，就是在王朝时期，各级政府运作所需要的资源，大量的并不是从田赋征收中获取的，尤其是明代朱元璋建立的体制。朱元璋设计的制度，本意是要把各级地方政府变得比较简单，比较少扰民，但实际上这是不可能的。朱元璋的制度造成了明代国家运作的大量财政资源要依靠差役。他建立的这个社会体制是政府直接对编户齐民实行非常严格的人身控制的里甲制，这套制度在日后的运作中引发了一系列的弊病，这些弊病的出现实质上是基于里甲制度的社会结构发生了本质性的改变。

一条鞭法就是适应着这个改变，经过一个漫长的过程才变过来。这个过程大概从宣德开始，一直到万历以后，并延伸到清代中期，更夸张一点，可以说延伸到今天。这个改变的发生有很多契机，其中一个很重要的是白银的运用。而白银之所以能够成为市场上主要的流通手段和政府运作中资源配置运用的主要支付手段，在某种意义上说是与历史的偶然性有关，其中一个当然就是美洲新大陆的发现和世界贸易体系的形成。从王朝内部的社会需求来说，也许在宋代已经有这种转变的需求，宋代已经发展出了非常有效且发达的金融制度。不管是铜钱的发行、控制体系，还是后来的纸币和钱钞的体系，宋代到元代都比明代做得好。因为纸币基本上是个信用货币，钱钞也不纯粹是称量货币，也有一个币值的问题，不完全取决于铜价，背后都需要有国家金融调控的体制来支撑。但是白银不同，当时大量的白银在世界贸易体系运转中流入中国。这个贸易体系也许基于很多偶然性，欧洲人刚好需要中国的东西，他们也刚好能够拿到美洲的白银，在这样一个三角或多边的贸易关系里面，这么多的白银才可能流入中国。白银跟纸币、钱钞最大的不同在于，它是称量货币，作为贵金属可以直接流通，也就不需要一个有效的国家金融控制机制。明朝国家在建立金融控制机制上可以说非常失败。在这种带有偶然性又含有某种必然性的变化之中，白银很快成为行政资源分配的基本支付手段。这个手段为什么对政府这么重要呢？它首先跟明朝的财政供应体系有关。永乐皇帝将首都搬到北京后，一直面对北部游牧民族的压力，京师和九边的供应成为明代财政的一个主体。白银是南方的财政来源地向北方的财政供应地转移的一个很好的手段，其作用自然冒升。

当然这同时其实还有一点，就是北方社会经济的恢复。官员们拿到白银，到北京也好，到河北、河南、山东也好，他们都可以买得到东西。明朝的这个情况，在我的头脑里面是一个非常美妙的图景结构，好像所有东西都刚好使得它往这方面走，所以白银就可以超出市场或者商业发展的程度，很快成为政府运作的主要手段。

从这个角度去看，明中期以来一系列转变的关键，就不是货币税取代实物税的问题，而是白银成为赋役缴纳手段后，改变了整个赋税财政体系的运作机制。明中期开始越来越重要的白银，更多不是作为流通手段在市场上发挥作用，而更多地作为支付手段，被用于处理权力和资源的再分配。白银确实被广泛应用，但流通的结果是白银大量流入权力运作体系。这种情况下，白银流通就不必然伴随着市场发育，甚至可能导致市场的萎缩。当然，长期来看，白银作为支付手段进入政府资源运用领域，最终还是一定会拉动市场。但是，更值得注意的是，以白银为运作手段与依赖控制关系来运作的国家是不一样的，国家权力与老百姓的关系以及整体的社会结构都发生了转变。

所以，在我的理解，白银流通的意义主要不是在市场和商业领域体现出来，而是在社会和国家结构层面。此前国家运转的资源是以权力对具体人户的控制为基础的，但是这种控制又不是国家基层政权州县对民众的直接控制，而是借助里甲制实现的。纳银之后，老百姓与州县的关系转变成类似纳税人和现代国家的关系，国家可以不控制具体实在的家户，而通过控制一个纳税账户来实现，这就提供了国家与社会之间产生各种中介力量的空间，以及社会成员之间交往的新可能性。在这个意义上，代替官府制定的里甲制度，形成新的赋役摊派征发的组织和机制成为必要，成为可能，并有可能普遍化。

我们很难用简单的国家控制加强或者削弱来描述这个变化，这是一个国家与社会以及社会成员之间的交往方式的结构性转型，王朝国家跟乡村基层社会、跟一般的编户齐民老百姓的关系发生了根本的改变。一个国家或一个王朝，它不可能不控制人，当它控制不了的时候，白银的运用使它实现控制的时候，可以靠社会上的中间这一层力量。正因为国家有了这个转变，乡村就可以自治，就可以有所谓的自治化。从这个角度来看，这个自治化就不是国家的削弱，而是国家的转型。如果没有这个自治化，王朝国家就会失控。从明代中期到清初，我们似乎看到国家好像有些失控。但实际上，社会永远处在一个动态的过程中，在失控的同时，它总有一些办法使得控制能够再度建立。问题是，这个再建立的方式，不是政府再去抓里甲户应卯听差，而是在乡村中大量出现了各种中介的力量，宗族或士绅什么的，去控制地方的秩序，保证国家运作的资源的获取与调动，使得地方秩序可以按照国家所期待的那个样子去运行。

这里面当然会有无数冲突，也是一个不断变化的过程。不过，如果我们从一个比较长的时段来看，例如五百年这样的时段来看，其实是几个不同的结构一直在或者缓慢地或者激烈地发生变化，变出了一个新的结构，变出一个我们看到的，在清代至迟到雍正、乾隆以后成形的那样一个社会。嘉道以后的动乱，是在这个结构下面的动乱，它跟明代的动乱完全不一样了。明代的动乱是用逃户的方式来表现，它针对的是政府对个人、对编户齐民的控制体制，一直到李自成都还是，李自成的口号就是"不纳粮，不当差"。嘉道以后的动乱则是一种政治上的敌对势力，背后还有宗教等因素。无论是从国家形态、地方社会组织，还是动乱，你都可以看出社会的转型。

这个社会转型，有学者把它叫作"民族国家"，有一定的道理。因为它那个时候确实有点像民族国家，这些人更多像公民。问题出在我们这些人一直在研究的东西上，包括宗族、士绅以及各种地方组织，要把它们放到一个欧洲历史传统发展出来的民族国家的理论架构里面去，放不进去。也就是说，如果明代以后还叫民族国家的话，那么我们需要在我们自己的研究中对这个"民族国家"做重新解释，而不是借用欧洲的历史模式来解释。怎么解释当然可以有许多不同的角度，但是这样一个国家的转型、社会的转型，我认为基本上是毫无疑问的。我们需要进一步去揭示的是这个转型发生的动力何在？各种偶然的、必然的因素如何交织在一起形成一个合力来推动它？这个合力不仅推动转型的发生，而且推动着转型的方向，影响着转型以后出现的社会样貌和结构。

六 学术合作之道

Q：无论是从您刚才的谈话，还是从您研究的经历、发表的文章，都可以看到您与萧凤霞、科大卫等学者有非常深入的合作。请问这个跨国家和地区、跨学科的学术合作

是如何建立的，对您又有什么影响呢？

萧凤霞 1985 年之前曾来过广东，不过直到 1985 年我们才认识。她当时刚拿到一个美中学术交流计划的项目，打算 1986 年来广州做一年田野研究。她是人类学家，一开始想在我们这边人类学系找合作对象，但在那边跟一些老师交流后觉得研究兴趣不太适合，就通过广东省社会科学院的叶显恩老师找到我们，因为叶老师去美国访问的时候与她认识。叶老师跟她说，小榄是珠江三角洲一个比较大的镇，可以去看看，还找了陈春声陪她去。她第一次去小榄，就是陈春声跟她去的。她当时去小榄没打算做历史课题，她打算做的是小城镇问题，想从珠江三角洲的小城镇发展入手。到了小榄之后，在调查访问中，她马上就遇到很多历史的问题，就慢慢关注到历史了。自然，当时科大卫也给她很大的影响。我们在小榄做了一年的田野调查，我们在一起合作的时候，真正体会到历史学家跟人类学家在一起可以有那么多的分歧和争论，而从这些分歧出发的对话对我们是多么的重要。当时我是以研究助理的身份陪她下去的，但我的心态是自己也在做研究。我认为到了乡下去就是要找历史资料，而她觉得她去那里就是要去观察体验。那种经历让我们感觉到这两个学科的分歧可以有多大。但也正因为这样，我们相互获得的收益也非常大。萧凤霞明白，我们在今天看到的所有东西必须从历史的角度才能真正理解；而我也逐渐明白，所有的文本材料不是把材料拿到手就可以解读，更重要的是要看谁做的，谁讲的，谁怎么样讲，面对这些文本的时候什么人做出什么反应。这就是我从人类学家那里学到的东西。

开始时我跟她去不是做历史研究，而是做当代研究。比如说有一次我们去到镇里面的一个商业站，商业站的墙上贴了一张他们这几年各种税收的表。她明明看到了，却假装没看到，一味地问访问对象。我在旁边提醒她说："不用问那么多了，我已经用照相机把内容拍下来了。"但她仍然坚持继续问。从商业站出来之后,她才跟我解释:"你拍下来的是你的,我问是要看他怎么讲。你拍下来的那个东西不解决问题,那个没用的,他怎么讲对我来说才是有用的。"我说:"我拍下来的那个就是他们正式报上去的数字,他讲那个可能是记错了。"她说:"不是,我就是要听他怎么讲。"这次争论是一个典型的例子。这种事情经常发生,后来也就成了一种自然的分工。到了当地人的家里,一有族谱,我就在那里拼命抄,不敢拍,因为是在别人家里面;而她就好像一点兴趣都没有,在那里跟人家聊天。最后发现是各得其所,又互有帮助。就这样,我逐渐学到了一点做人类学研究的方法。

我最早见到科大卫也大约是在那个时候。开始时我们都在中山图书馆看书,他看族谱,我也在看同样的文献,不知什么时候,慢慢认识了。到1986年,萧凤霞邀请陈春声、罗一星和我去香港短期访问。当时萧凤霞在香港还没有教职，而去香港办签注需要正式的邀请信，她就请科大卫出面邀请我们。那是第一次跟科大卫有正式的学术关系，他帮我们发了邀请信，在中文大学订了房间。不过，这种短暂的会面，都不是我们认识的契机，中山图书馆才是我和科大卫那么多年的友情和合作关系开始的地方。他在那里看书，我也在那里看书。我看他看族谱看得津津有味，也好奇地找些族谱来看。可能先有一些简单的对话，某一天忽然就一起出去吃午饭。我们真的都记不清楚大家是怎样真正熟悉起来的。当然我们真正比较紧密的合作是到了 1988 年后，前面已经讲了，就不重复了。我们之间的合作是学者之间的合作，是不是"跨国家和地区、跨学科"，其实一点都不重要，关键是我们在长期的合作中形成了很多学术的共识，同时也形成了自己个性化的兴趣和风格。

Q：您和萧凤霞、科大卫，还有陈春声、郑振满诸位老师一起合作了那么久，请

问您是如何处理研究中合作与重叠的关系的？比如科大卫老师说过，最好的状态是有共同的兴趣，没有竞争的心态。

这里面有很多个人要处理好的东西，首先就是对学术的理解。如果我们对学术的理解只是说这个地方没人研究过，或者这个地方的这种现象人家不知道，我们把它讲清楚了，如果仅满足于这种追求，所谓竞争问题就会比较尖锐、比较严重，但是在我们之间，科大卫也好，我也好，陈春声也好，郑振满也好，其实都相信历史学尤其是现代的历史学，其实是一个智力的竞争，或者说是见识的竞争。而见识这个东西，第一，不会人人一个样；第二，一种比较有深度的观察和比较有高度的认识，不是你一个人可以做出来的，一定要跟朋友们、同行们有很多的交流。很多时候，一个人做的自以为很伟大的东西，其实并不是那么了不起的。假如说我们这群人现在对我们做的地方的理解有一定深度的话，完全是这十几二十年来在大家许多的讨论、争论中激发出来的，不是靠一个人的智力就可以做到的。如果这样来理解的话，你就会有一个很开放的心态，你会让所有人都来看你的研究，很期望别人能够发现并指出你弄错的地方，你会很积极地创造条件把你的资源你的想法晒出来让大家看，一起讨论，最后得益的是你自己。其次也要相信学术上的高低其实真的不那么重要，这一点对于很多人来说也许很难真正接受。但是，如果学者之间一定要去排谁第一、谁第二、谁第三，大家就会搞到连朋友都做不成，不要说一起做研究了。也许大家觉得道理不难懂，但真正处理起来就不容易了。我的个人经验是，处理起来其实也并不难，只要你时时都注意你身边的人，哪些地方比你厉害，你最后发现其实每个人都总会有些东西比你厉害，怎么办，那你就很坦然接受所有的一切，虚心向别人学习就是了。

你刚才讲的问题，大概指是做同一个地方。同一个地方其实也不太要紧。要相信不但同一个地方，就是同一段材料，不同的人也都可以有不同的见解。所以，个人的治学之路千万不要太窄。你看到的这个材料跟我看到的一样，如果我们的眼界、思路、心胸都很窄的话，我们看到的很可能就只是同一个东西。但是如果我们的视野很宽的话，那么我们一定会有不同的角度，一定会跟我们头脑里的其他知识，另一些对历史和事件的理解有不同的联结。这些不同之间，肯定会"打架"，但这种"打架"其实只会对我们的治学有好处，只会令我们想得更多，钻得更深，看得更远。当然，前提还是你千万不要去同别人争，不要总是抱着我比你做得好的心态。

Q: 2009 年，科大卫教授主持的"中国社会的历史人类学"研究项目被香港大学教育资助委员会确定为"卓越学科领域"计划资助项目，这是多年来你们一起合作的延续。这一项目的学术目标，是秉承弗里德曼（Maurice Freedman）、施坚雅等学者田野与文献研究相结合的研究传统，使历史人类学研究能够提出关于中国历史的新解释。您能谈谈这一项目的开展具体是如何操作的吗？

我们具体的做法其实也很简单，因为我们在这个领域的合作已经有很长时间了，有很多做法也是过去很多项目在运作中已经形成的，我们继续沿用就是。当然这是一个规模比过去大得多的项目，我们主要还是要依靠我们在全国不同地区的研究者来进行，主要的方式就是在不同的地区组成多个研究团队。作为一个总的计划，我们希望可以提供一个平台，使大家有更多的交流，互相从不同地区的研究经验里面得到刺激，得到启发。所以我们具体的运作方式，是在不同地方，把一些有共同研究兴趣的研究者集合起来，按研究的区域分成一个一个的小组。目前我们已经形成了以华北、江西、湖南、江南、徽州、韩江流域、南岭等区域作为研究对象的团队。每一个团队中的成员的研究独立开展，通过不定期的小型研讨会，定期的学术报告会，交流研究的进展、成果、心得，彼此之间也提出质疑、批评和展开讨论。这是我们的主要运作方式。我们相信，具体的研究都是要靠研究者自己主导，按自己的方式，照自己一直做的套路去进行。所以我们更多是为研究者的研究提供帮助，对研究者是一种鼓励也好，推动也好，或者提供一个可以互相启迪，互相从别人的研究里面获得新的灵感、新的问题意识，进而提出新的问题的可能性。我们整个计划希望发挥的是这样的一个作用。当然，我们整合在一起，是基于大家有共同的学术兴趣，至少在学术的追求上，学术研究的理路上，有比较多的共同性。我们也一直把研究团队中的研究者，特别是年轻的学者请到香港，比较专心致志地做半年到一年的研究工作，使这样一个机制最大限度地发挥作用。请年轻学者到香港的同时，我们还在世界各地请了不同的学者来做不同的专题讲座，大家就有可能参加更多的讲座和研讨。当然我们也开很多的学术研讨会，来做这种交流。基本上我们整个计划就是用这种方式来运作的。我们相信，一个国家或一个整体的研究不是靠像一个军队那样整齐划一地规定了每个人的动作来实现的，而是通过大家抱着一些共同的追求，然后在自己的研究中用自己的方式去把这个共同性给建立起来。这个共同性不是一致性，不是大家都按同一个模式去做，而是大家有共同的追求，大家对这种学术的风格、学术的追求有共同的认识和目标，然后用各自的方法去做。这可能是这个计划会跟其他一些大型研究计划不大一样的地方。其实，我跟科大卫、萧凤霞认识已差不多30年，我们一直都是坚持这样的方式，就是研究者的个体性得到最大程度的发挥。大家共同讨论、共同交流，共同把自己的研究向整个团队的人开放并且互相推动，研究团队中的人通过彼此之间的质疑、批评和讨论，来建立起这种共同性，而不是要求大家按照同一个方式去做，得出相同的学术见解。这是我们一直坚持的团队研究方式。我们的确是在建立一个共同的平台，但这个平台不是一个实体，更多是一种机制。当然在现在的大学制度下，我们需要有个机构来依托，所以我们就在香港中文大学合作建立了香港中文大学—中山大学历史人类学研究中心，作为教育部人文社会科学重点研究基地中山大学历史人类学研究中心在香港建立的延伸机构，这只是一个制度上的平台，我们大部分的学术活动，特别是研究的展开，还是在一个广泛的，不同地域的田野中来开展的。

Q：在学界看来，关于您和您的学术伙伴们有着比较有意思的评价。一方面，似乎大家都愿意称呼你们为"华南学派"，另一方面，又认为在你们互相之间也有不同的研究取向，有所谓"科大卫模式"和"丁荷生（Kenneth Dean）模式"之分。《历史人类学学刊》第9卷第1期上有篇评论文章认为，"科大卫模式"仍然将地方置于王朝国家的一部分来思考，地方的主体性无法彰显，"丁荷生模式"，"从文化和经济各种不同的生活面向理解在不同历史时期、不同地方的人群如何理解、认识与选择自身的生活方式，这样的历史更能够认识人类生活的轨迹"。对于类似的评论，您是怎么认为的？

首先，就我个人而言，我对"学派""模式"这类标签有点忌讳。我个人始终坚持认为，学术研究永远是个人的思想行为，每个学者都有自己个人的学术关怀和兴趣，都会从自己的研究中，以个人的思维得出独立的学术见解。当然，学者之间会有很多共同的兴趣，相似的研究理路，在学术见解上有共通之处。人们要把这贴上"学派""模式"这类标签，我也没有办法，但绝对不应该用这样的标签去抹煞学者个人的思想和意志，也不能用这样的标签去人为地制造分歧。

你提到这种评论，在我看来，是基本不知道我这些朋友们在做什么。就以这种评论所说的问题为例，你强调的可以是乡村中人们观念的一个部分，是他们生活的一个部分。但问题是，这些不同时间、不同地方的人群，对自己文化经济的各个不同方面是如何认识的？任何一个人、一个行为的主体，在我看来都是一个整体。如果你研究的前提，是假设存在一个国家，一个在统一的国家秩序下具有一致性的社会生活模式，乡村中的人们也有一致的意识形态的话，那么我当然是非常同意我们的研究应该去认识每一个地方的人独特的地方性、独特的个性，这是没有问题的。对于认识这一点的重要性，无论是丁荷生还是科大卫，我想都是没有分歧的。每一个地方都有自己独特的地方性，不同的人群或者同一个人群里面的不同阶层、不同职业、不同性别，甚至不同的个体，他们对世界的理解，他们的生活方式都有自己的独特性，他们对社会、对世界秩序的理解，都有自己独特的地方，这是一个不言而喻、不需要证明的事实。

认识这种地方性、个体性、独特性，我相信是很多学术界朋友的共同出发点。在这个出发点上，我们都有兴趣探讨不同的人头脑里面的社会意识和对世界的理解。无论是对国家的理解，对自己社区的理解，对自己和周边人的关系的理解，还是对他们自己的生活方式和生活态度的理解，对各种人生和社区仪式的理解，所有这些，在每个人头脑里都有一个整体性的意识形态。这个意识形态，也许可以用 consciousness 这个词，不是讲他对某一具体事物的意识，而是他一个整体的观念结构，一个整体的世界观，人们对世界，远的、近的、周边的、自己的、别人的这样一个理解，对于每一个主体来说，都是整体的。我们可以把这种整体意识的很多方面分拆开来分析，但是始终不要忘记意识形态的整体性。而这个整体性里面，既包括对自己的生活的理解，也包含了对周围的世界和国家的理解，包括了他们对国家秩序的认知，一个在他们头脑里面重构出来的国家秩序的图像。这个图像，肯定跟皇帝、跟礼部尚书、跟内阁大学士、跟府州县衙门里的官员，以至他们的幕僚，他们下面的胥吏，都不会是一样的。我们不可以想象有一个社会里的人们，对国家的整套制度是理解了并会完全按这套制度去行事，这是绝对不可能的事情。

但是，这些人们，当他们按他们的生活方式去生活，按他们的理解去应对着国家、政府和他们周围的这些人，应对着一个社会的结构的时候，我们不可否认他们头脑里面存在一种他们想象的国家秩序。这个国家秩序，是在他们头脑里面的、跟从皇帝一直到州县衙门的胥吏那一套不同的东西。既然不是，那为什么还是"一个"国家秩序呢？这就是为什么我们很强调华德英的意识形态模型分析方法的有效性，这个方法对我们理解中国传统社会是极富启发意义的。我们一再强调的是，乡民们的理想模型，不是一个外在的客观存在的，像绝对真理一样的理想模型，而是乡民们在他们的实践中，在他们的现实生活里面的理想模型。现在有很多的误解，以为华德英所讲的理想模型就等于我们现在讲的国家制度、国家意识形态。不是的。这个理想模型指的是乡民们头脑里面的意识。因为华德英讲得很清楚，滘西的渔民认作国家的东西其实跟我们认识的并不是一回事。

我们自己的研究中也见到很多类似例子。像萧凤霞讲自梳女不落家。在有自梳女不落家的地方，人们就认为不落家就是中国人的惯习，是中国人的一个婚俗规范。他们一点都不怀疑这个东西不是"中国"的。我和萧凤霞在珠江三角洲常常听到的说法是，我们是中国人，我们是汉人，我们不是疍家，所以我们不落家。她们就是这样认识的。我们不能说这个认识是错的伪的。你站在一个读书人的立场上，你去判断，这当然不是"中国"的。所以我们跟苏堂棣（Donald S. Sutton）争论时，指出他们更像一个中国社会里的读书人，不是今天的研究者的判断。历史上的读书人是我们研究的对象，我们不能站在研究对象的立场上去说本地人的观念是或不是"中国"的，如果这样做，你就把大部分中国人都看成非中国人了。甚至皇帝自己头脑里面的那个秩序，也跟国家礼仪的东西不见得是一样的秩序。个体的独特性是我们的出发点，整个社会科学其实都应该是研究不同的个体在一起怎么能够成为一个社会，社会如何可能。差异性不是我们研究的结果，不是我们要做研究才有的结论，而是我们的出发点。我们研究的目的，是要解释在存在着差异的状况下，整体怎么是可能的。这个整体可能不是说要像一支军队那样，大家一起出左脚就出左脚，出右脚就出右脚，或者都是按照 75 公分的步幅在走路，这样才叫作统一性。而是有些人认为先出左脚是应该有的，有些人认为先出右脚是应该有的，有些人认为跳跃式前进是应该有的，但是他们头脑里面都认为这个是

正确的。他认为是正确的就是正统的。这个
是从我们研究对象的角度来看的。

我理解科大卫讲的不是一个自上而下的
问题，也不是说他要将地方置于王朝国家的
一部分来思考。因为那已经是一个事实了。
你把地方放到国家的一部分来思考，它是国
家的一部分。你不把地方放到国家的一部分
来思考。它还是国家的一部分。问题只是它
如何得以成为国家的一部分。这就要从地方
性的历史，在地方上的人们的生活，以及他
们的感情、他们的想法中去寻找解释。你不
能把乡民心目之中有皇帝存在的这套观念，
和他们心目中有自己的一套生活方式这两者
分拆开来，因为这两个东西合在一起是他自
己的意识模型，都是他对世界的理解。两者
在乡民那里是没有矛盾的，我们学者没有理
由硬把人家的意识分拆对立起来。前几年我
们在江西万载的乡村中考察的时候，一个小
孩走出来问我："你们讲的是什么话？"我
说，我们讲中国话，他说，你们讲的不是中

国话。我问，那谁讲的是中国话？他指着大概是他奶奶的一位妇人说，她讲的才是中国话。你能够说这个小孩子错了吗！

这个问题可能是出在我们大部分历史学者都是读王朝历史出来的。在读书期间和开始走进学术之门的时候，我们自觉不自觉地都相信有一个统一的东西存在，然后在不同的地方到处走，很容易就发现各地其实是不一样的，于是，解释的焦点就放到这个地方性上面了。但问题是，我们做研究，不是要把这个东西跟国家秩序、国家意识、国家观念分离开来，而是看这些不同的东西在生活中怎样构成一种国家认同。我们现在一再讲的地方认同的建立和强化，其实也是一个宋以后国家认同建立的过程。学界似乎有一种倾向，认为宋代以后地方认同发展了，我很怀疑，难道宋代以前各地都是按一个模式做事？为什么会有这个错觉呢？我的猜想是，因为大家要了解宋以前的社会，读的都是一些已经标准化了的史籍，是一套官方话语的东西，在你头脑里面制造出来的印象就是那个时候已有非常统一的秩序。因为我们都是拿着《唐六典》，拿着《秦律》，拿着国家的诏令来理解那个时候的那个社会。但我们看汉简、敦煌吐鲁番文书、吴简这些东西在不断出土，加上各种文物的出土，我们已经慢慢意识到这个多样性的存在。但因为这些东西基本上还是官方文书，所以大家还是有一个统一国家的概念。宋以后不一样，我们从文献上可以看到有很多官员在讲一些地方的事务，可以通过文本去了解地方认同的发展，就有了这个时候地方认同开始形成的印象。到了明清，地方性的资料大大增多了，我们看到更多的地方多元化的事实。这是一个由史料的性质制造出来的错觉。

但我们实际上要做的研究不是走到这里就止步，因为走到这里之后，我们还是回避不了一个问题：不管一个地方怎么独特，怎么跟王朝规范不一样，跟国家制度不一样，它还是这个王朝国家的一部分。例如我们讲

里甲制，如果里甲制的实行，真的都是按明
洪武二十四年的攒造黄册格式来造出一个社
会的话，那我们就没什么好研究的了，拿着
《大明会典》关于里甲制的开头那几页就理
解了整个明朝的社会构造。问题是地方上从
来就没有真正不折不扣地按那个规范来做；
而没有按规范来做，那套制度也确确实实一
直在推行。如果你说推行不了的话，那国家
怎么维持，财政资源是怎么来的，国家运作
的行政资源又是怎么来的，地方上的每一个
乡民怎么样在资源的分配、在生产品的再分
配上跟整个国家的构造发生关系？不管你多
么强调这不是王朝国家的一部分，你还是回
避不了，因为这是一个客观存在的事实，不
是我要把它置于国家里面去看，而是它事实
上就是这个国家的一部分。所以就是说，在
这样一个认识下面，它是国家的一部分的时
候，怎么去理解我们看到的这个地方的独特
性。尤其是在整个国家历史的进程里面，这
种来自地方，来自最基层，来自个体的这样

一种动力，是怎么样推动一个国家一直往前走的。

整个国家的结构，整个国家的体系，一直在发生转变，一直在变化。那个变化很多时候，甚至大部分时候，不是只能够从皇帝，或者皇帝的大臣们的那个改革来理解，我们需要从那种地方上的独特性来理解。所以我们不是要把地方社会置于国家之中，恰恰相反，我们是要把国家置于地方社会去理解。你只有理解了地方上发生的事情，它怎么样跟一套固定的、一套完全很整齐的制度设计能够配合起来，你才能理解这个国家是怎样转变的。所以我们说不是从国家去理解地方，而恰恰是应从地方去理解国家历史。在这点上我相信大家没有多大分歧，我总是认为丁荷生、郑振满等厦门大学的学者做的东西就是我们关心的东西，他们的想法与我的想法并没有什么不同。但是我不知道为什么大家老是读出来另一种感觉，好像是科大卫要把地方放到国家去，其实是相反的，我们强调从地方的动力，从地方本身的活力，从地方的历史过程去理解大的国家体系的转变，也就是把国家置于地方的历史中去理解。不然的话，我们只能跑到紫禁城去研究国家了。

Q：那您如何看待有关您和郑振满老师之间存在不同争论的一些看法？

这是一个近些年来我不断听到的说法，令我感到有点莫名其妙。前面我已经讲过，每个学者都有自己独立的研究，都有自己独立的见解。研究的课题，关注的角度，理解的思路，表述的风格，每个学者都不可能，不应该，也不需要相同。但是，我从来不感觉在学术见解上我和振满之间有什么实质性的分歧，恰恰相反，我觉得我与他对很多历史问题的理解都是非常一致的，在很多情况下，我们不仅仅一致，还有很强的共鸣和很多的默契。大家有时看到我们会有一些激烈的争论，其实那只是为了把思维的兴奋点激发出来，把讨论的论点推到一个极端，问题的关键才会凸显出来。

当然，在一些具体的看法的表述上，在强调问题的角度上面，我们会有一些差异。正因为我们抓住这点不同来争论，所以我们才能够在讨论中把很多我们真正关怀的论点给凸显出来。比如说我们最喜欢的那个在某种意义上带有开玩笑性质的争论——福建莆田跟我们研究的珠江三角洲谁更有文化？我们常常说，你们没有文化，我们这个才是士大夫的；郑振满则讥笑说，你们那个东西像什么东西，我们这个才比较像，你们的庙那么小，你看我们的庙多漂亮，我们才有文化。如此之类。这些话，你把它们用文字记录下来，大家都一定会觉得实在是无聊的争论。我们之间常常这样开玩笑，旁人听着，不会明白我们讲什么，以为我们真的有什么分歧。其实当我们这样开玩笑的时候，背后想的问题是一致的，正如科大卫老师在《告别华南研究》中所讲的，为什么我们到珠江三角洲，一进村，最吸引人注意的建筑物是祠堂，而在福建和台湾，大家都知道是庙宇。这个景观上的差别本身不是我们真正关心的，我们希望寻找的解释是，这个差别是一个什么样的历史过程制造出来的。我们心中都很清楚，福建乡村中最吸引眼球的是庙，它们的庙常常是一个村社的中心。珠江三角洲的乡村中最重要的常常是祠堂，这是完全不需要争论的，到当地的乡村中走走就很清楚了。至于哪里更有文化，当然是开玩笑的话，我们不会蠢到连这点都不懂。但是只有在这样的争论里面，你才可以把很多灵感刺激出来。

至于有些学生认为我跟郑振满之间存在的所谓分歧，我们在很多场合已经解释过了，不知现在这种误解是不是已经少了一点。我们自己的学生常常会觉得厦大的学者比较强调的是基层社会，强调自治化，而中大这边的学者强调的是国家制度。也许确实存在这两种不同的倾向。但是，如果大家留意我们的研究，就不难发现，郑振满、陈支平一直都十分重视制度的研究，而我也同样强调基层社会，重视地方性的动力。这种从表面上看似存在的分歧，其实只是研究切入的路径不同。傅先生的切入点与他多从民间文书、笔记入手，以及他自己在乡村里面的生活经验和社会学的背景有关。梁先生出生和读书都在北京，他又是经济学出身，还是农业经济学，他入手的地方是明代的田赋。进入问题的入口不同，讨论起问题来就会呈现区别，这是自然而然的。但是傅先生从没有怀疑过制度的重要，梁先生也没有怀疑过在乡村社会实际运作的重要。到了我们这一代，彼此之间的确经常有很多争论，但我们在关于王朝制度和乡村基层社会的理解上，在最基本的原则的层面上并没有分歧。我甚至可以说，在我们的学界朋友中，我跟郑振满的分歧可能是最小的。

不可否认，郑振满比较多关注的是在国家体制下地方基层社会的自治，而我要关注的是地方社会中体现的国家存在。但就我们的观点来说，把这两个表述置换一下，我相信我们也都是一样接受的。大家觉得有差别，可能是因为在表达自己观点的时候，心中设定的对话对象有些不同。郑振满要对话的是只注重王朝典章制度的中国史学研究传统，而我面对的话题，也许更多是从人类学者的研究出发。我觉得，乡村本身是有乡村自己的动力的，乡村有自己的历史，这是不言而喻的。在这个不言而喻的事实下面，我们要看到漫长的王朝历史与国家制度，对乡村社会有着深刻的影响，国家存在于乡村中，科大卫有篇文章，题目叫"皇帝在乡村"，就是这个意思。当然，我们这么说的时候，不是说皇帝的旨意、国家的制度，是原模原样地在乡村中复制，而是说乡村总是会用自己的方式表达国家的存在。我们把乡村自身的动力看成是不言而喻的，从这个前提出发去考察国家怎么样建立它的秩序。

我们存在一些讨论角度的差别，可能也

与研究地域的不同有关。广东珠江三角洲，尤其是比较核心的地域，如南海、顺德、番禺的广大乡村，虽然在广州附近，但一直到明代初年还没有真正纳入王朝体系的控制。明代以后，经历了一系列的历史转变，王朝的秩序逐渐在乡村社会建立起来。这里特别要说明，我们的意思，不是说王朝国家按自己的意志制造的社会秩序，而是地方社会从本地的逻辑，用本地的方式，在处理本地事情过程中建立起"国家"。因此，我们关注的角度更多放在本地社会如何利用人们所理解的王朝的政治文化资源。而福建莆田从宋元时代以来一直是王朝国家的重要部分，研究这个地区更多会关注到明清时期地方的动力是怎样冒出来的。这里面确实有我刚才讲的传统的不同、入口的不同、对话对象的不同，还有我们研究地域的不同。同样拿明朝来说，他面对的地方社会是一个已经有很强的国家，然后看地方的活力怎样冒出来；我面对的地方社会是一个没有国家，然后看国家怎样被当地人以自己的方式拉了进来。特别要再强调的是，我们的很多朋友和学生在理解我们的观点时，常常以为我们所说的"国家"，是一种外在的，从上到下加入本地社会的，其实我的看法是，这个国家不是外在的，而是本地社会建立起来的。因此，我不认为我的想法同振满的说法有什么分歧。有一个学生写学位论文，在学术史回顾时，说郑振满认为明清时期是宗法伦理庶民化，而我则认为是地方社会士大夫化，认为我们的观点是对立的。我要问的问题是，这两种表达难道不是指同一过程吗？大家只着意于谓语的差别，却忽视了主语是不同的，主语变了，谓语相应也变，意思不就一样了吗？士大夫文化的宗法伦理庶民化，就意味着乡村社会士大夫化，这是一个很简单的逻辑，有什么实质的差别呢？

Q：最后，请您再谈谈如何看待历史人类学好吗？

我是从中山大学的学术传统中走过来

的，在中山大学，历史学与人类学之间有着非常长久的因缘。因此，在我自己的治学经验中，历史学与人类学的结合从来不是一个新鲜的玩意，自从在中山大学踏入学术之门我就相信历史学跟人类学的对话、结合、交叉，是天经地义的事情。我们的前辈，无论是杨成志先生，还是梁钊韬先生、董家遵先生，他们从来都是把历史学跟人类学放在一起。在民国时期，中山大学人类学就是从历史学系孕育出来的，20世纪50年代以后，人类学被取消了，但人类学的传统在我们这个历史系保存了下来。在我读书时，我的老师中有很多位都是人类学学者，特别是梁钊韬老师，是对我有很大影响的老师，还有杨鹤书、宋长栋等老师，都可以说是我在人类学领域的启蒙老师。从学术史的角度来看，中山大学历史系这种传统，还应该追溯到傅斯年在中山大学建立的语言历史研究所，以及后来在中山大学筹建的中研院历史语言研究所。

从那个时候起，历史学、人类学、语言学、民俗学等学科就结上了解不开的缘分。我在中山大学长期耳濡目染，从来没有觉得走历史人类学的路会是一个需要讨论的问题。我倒是觉得有点不可理解的是，这一点为何到今天倒成了个问题。正面一点的，有人把这个历史人类学看成历史学中出现的新玩意，负面一点的，则把历史人类学看成历史学中的异类。对我来说，从来就没有这个意识。不过现在我有了，因为大家这么看。我明白其中的道理。怎么说呢，可能是由于一些人太不了解中国的现代历史学和人类学原来的传统了，中国的人类学从来都有一种历史学取向的传统，中国的人类学家从来都很重视文字资料，他们的著作都是大段大段地征引史料，跟我们做的没有太大的差别。不然的话，费孝通先生也就不可能跟吴晗先生合编那本《皇权与绅权》了。

虽然这样说，但我们现在把我们的研

究机构命名为历史人类学研究中心，编辑出版的刊物叫作《历史人类学学刊》，其实开始的时候我们自己并不觉得十分妥当，因为我们希望推动的，不只是作为一种研究取向的历史人类学，还是整体上的历史学科；也不只是人类学取向的历史人类学，还是更多学科整合取向的历史学。作为一名历史学学者，我们坚持的是历史学的追求，但是从人类学那里得到很多启发，发展出新的问题、新的研究方法、新的思维方式。这一立场，是基于我们相信，所有学科归根到底其实都是历史学。在这样一个大的概念下，叫历史人类学、历史社会学、历史经济学什么都无所谓，反正它们都是历史学。它必须把时间与空间结合起来，把过程与结构结合起来。我们坚信，人文社会科学研究，只有能够自如地运用历史研究方法，才能做到最好。当然，就我们自己的研究而言，我们重视田野调查，重视从基层社会着眼去把握历史发展大势，重视民间文献的收集与研究，在这些方面，我们似乎同人类学有更直接的关系，所以贴上一个"历史人类学"的标签，当然也无不可。其实，不管你愿意不愿意承认，现代历史学研究都深受人类学的影响。也许，人类学作为一个学科，它可以同其他学科划清界限，但我以为历史学从来就划不清楚它跟别的学科之间的界限。这是从一般比较空的理念上来讲。在教育部设立人文社会科学重点研究基地的时候，我们很顺理成章地在主管部门的建议下用了"历史人类学"这块招牌。也不是说我们完全只是为了招牌，我们事实上有这个传统，我们跟人类学系的关系一直都很密切。

我们出版的学刊，英文刊名保留了一个"and"，这是我们反复斟酌过的。我们觉得，总要在某个地方留住我们的一点表达。主管部门当时讲了，不能够有"和"，也不能够有"与"。我们就中文不要"和"、不要"与"，英文则保留"and"。这确实是我们刻意为之，不是说人家来质疑我们才这样做，从第一期我们就有这种自觉。历史学永远需要对所有学科开放。这个开放不仅是我们研究的东西要跟人家对话，我们也要把别人的东西吸收进来。我没有看过任何一个历史学家没有吸收别的学科的东西。陈寅恪的东西，很明显受语言学的影响。岑仲勉的东西，有很多是地理学的东西。如果不吸收的话，你连话都不知怎么说。你说我不要这些东西，那话怎么说？问题从哪里来？问题都产生不出来，就根本没有办法做研究。但是现在大家把这个历史人类学看成有点像"异己"或者什么，要不就是说得你很伟大，要不就是说得好像你背叛了。对于这两个极端，我都要划清界限。首先我们没那么伟大，因为我们的前辈已经这样做了。其次我们也没有背叛历史学，因为我们相信历史学永远要向所有学科开放。

好多年前，我跟陈春声专门写过一篇关于"历史学本位"的笔谈，想不到连这个说法都遭到批评，说我们反对多学科、跨学科。我们什么时候反对过跟别的学科合作？
我前面已经说了，我们系有一个传统：老一
辈学者多数都不是历史学出身，很多都是学
其他学科出身的。陈寅恪先生本来没有什么
学科的问题，如果硬要算，也许可以算是语
言学吧，我在牛津看过他拟的研究计划，就
主张用比较语言学的方法来研究中国历史。
梁方仲先生是学经济学出身，这一点大家都
清楚。刘节先生是学哲学出身。比他们晚一
辈的学者，董家遵先生是学人类学出身，戴
裔煊先生是学人类学出身，端木正先生学法
学出身，梁钊韬先生学人类学。也许在大家
的印象中，中山大学历史系大多是一些老派
的学者，其实不是，他们都是学现代社会科
学出身的，我自己的导师汤明檖也是学经济
学的，岭南大学经济系毕业。所以，这对我
们来说，所谓多学科、跨学科根本就不是一
个问题，我们强调历史学本位，根本不可能
是要反对多学科研究，恰恰相反，我们正是
在主张多学科、跨学科合作的前提下，提出

历史学本位的命题。更重要的是，这其实是一个历史哲学问题，不要以为它只是一种研究策略的问题。

三

区域史研究的旨趣与路径[*]

* 本文原载《区域史研究》第 1 辑，社会科学文献出版社，2019。访谈人任建敏，中山大学历史学系特聘副研究员。

引　言

　　受《区域史研究》主编温春来老师的嘱托，我很荣幸得到这一宝贵的机会，与中山大学历史学系教授、历史人类学研究中心主任刘志伟老师就区域史研究这一议题进行访谈。2018 年 9 月 21 日夜，在从广州南到保定东的动卧上，在温春来、谢晓辉两位老师的共同参与下，我们与刘老师进行了长达两个多小时的访谈，访谈就"从制度史到区域史""作为区域的岭南""区域史的学术训练"三大主题进行了多层面的讨论，刘老师慷慨地和我们分享了他多年来在区域史研究历程中的丰富历史细节，以及对相关问题的深邃学术思考。这一篇访谈录，就是访谈录音的文字整理稿，作为标题的《区域史研究的旨趣与路径》由记录者整理访谈录音时拟定。初稿完成之后，刘老师补充了记录者所疏忽的更多的细节内容。当然，最终成文的访谈录中仍然会有因理解不到位而不能准确表达被访者原意的地方，其责任应该算在我这位不够可靠的记录者身上，谨在此说明。（任建敏）

一 从制度史到区域史

任建敏： 您曾提到过，您 1997 年出版的《在国家与社会之间》一书，是在您 1983 年研究生毕业论文的基础上写成的。但两者比较起来，其问题意识似乎已经有了比较大的变化。您的研究生毕业论文的重点，似乎是以广东为研究区域，理解明清赋役制度的改革，而《在国家与社会之间》一书则在这一基础上，通过赋役制度改革的研究进一步探讨明清广东地方社会结构的变化。是否能谈谈，这两者之间 14 年时间里，您的学术历程和理念的一些变化发展？

刘志伟： 你这个问题提得好，让我有机会澄清我治学过程的一些时间点。你的问题以我毕业论文提交的 1983 年为起点，以在这篇论文基础上增订成书出版的 1997 年为转折点。但其实，现在出版的这个书的基本格局，是在 1985 年前后完成的，主要是在 1983 年的研究生论文上增加了第五章以及第二章"盗乱"一节。书迟迟未出版，是因为我当时不觉得这是一个完整的研究成果。因此，我在接下来几年，只是把书中一些内容以单篇论文的形式发表，并没有打算把它出版出来。后来到 1994 年前后交到出版社的这部书稿，其实是一本不完整的书。

我说这是一部不完整的书，意思是 80 年代中期的时候，我关注的问题已经很明确是在社会经济结构问题上，我认为并没有一个"问题意识的变化"的问题。我们这一代的明清社会经济史研究者，都一定是把社会经济结构演变作为自己研究的核心问题，不太可能把赋役制度改革本身作为问题的。何况我一开始确定这个课题的时候，就很明确是要继续梁方仲先生的一条鞭法研究的路径，梁方仲先生从一开始做一条鞭法研究，就很明确地说出了一条鞭法包含的意义：
"不仅限于田赋制度本身，其实乃代表一般
社会经济状况的各方面。"沿着梁方仲先生
的研究路径，我读研究生时，从户籍赋役制
度着手，真正着眼的，从一开始就是明清社
会经济结构。我毕业论文的初稿，本来后面
还有专门一章，讨论从户籍赋役制度演变所
见明清广东社会经济结构的变化。文稿已经
写出来了，但我的导师汤明檖先生认为我在
这方面的研究还不够深入，讨论还很肤浅，
要我撤了下来。这一章我完全丢弃了，从来
没有发表。后来书中增加的第五章也不是这
一章，只是连接这一章的过渡。我在 1985
年、1986 年前后更多把眼光投向乡村社会，
其实就是为了把当时老师认为我研究未深的
领域深入下去。后来，深入下去就似乎走到
了另一个研究领域，以至于很多朋友以为我
改变了研究方向，其实，我一直关心的还是
同一个问题。

在这个意义上，也可以说 1985 年前后

是一个转折点。我在此前虽然也关注社会结构的问题，但当时还没有下到乡村去实地调查。我早期所做的，只限于接触到相关的几类材料。例如族谱，1980年我写研究生论文的时候，就考虑过研究族田，后来因为叶显恩、谭棣华老师写了非常好的论文，我就放弃了，但还是看了很多族谱。另外，我在20世纪80年代初，也打算做鱼鳞图册，因为我们系藏有一批鱼鳞图册，我都看过了，但后来也没有做下去。我比较早的时候也写过关于珠江三角洲沙田的论文，我印象中我第一篇发表的论文就是关于沙田的，是1981年写的，大概是1981年、1982年就发出来了。另外，关于"盗乱"的研究，是从1983年开始的，论文是1985年写的。当时我看了黄佐的《广东通志》，其中有大量关于"盗乱"的内容，其他方志也有一些相关的"盗乱"记载，很自然我就关注了"盗乱"与社会结构变迁的问题。那时，我还不懂得要从信仰和仪式去考察，在1983~1984

年的时候还没有这种意识。不过我在 80 年代初就对社会文化问题有很多关注，这有另外一个渊源，就是中山大学的民俗学、人类学传统。我的老师中，很多是人类学学者。在当时历史系资料室二楼书库，一进门第一排书架就摆放着《民俗周刊》，而且读起来很有趣味。我那时候基本天天都待在资料室，所以 1981~1982 年看了很多的《民俗周刊》，这对我的学术兴趣是有直接影响的。但那个时候确实没有想到过这会成为后来我的一个研究领域。

现在回顾起来，1985 年是我研究的一个转折点，最直接的契机，是在这一年开始了和萧凤霞教授的合作。与科大卫大概也是在 1985 年开始认识的。那时我们都在广东省中山图书馆看地方文献，特别是族谱，是我们都有兴趣提取的文献，于是就逐渐互相注意起来。所以，把 1985 年看成我的研究转型的时间点，也是有道理的。前面提到，当时我努力要把毕业论文研究未深的问题深入下去，开始把研究的视线转到社会结构转变的问题上。我觉得，在搞清楚户籍赋役制度转变之后，要继续深入解释其与社会结构转型的关系，必须从深入研究乡村社会入手。梁方仲先生在《明代一条鞭法年表（后记）》中提示我们，明代赋役制度改革，改变了人民与政府的关系。我后来的研究，也始终围绕着人民与政府的关系究竟发生了什么变化进行。要弄清楚国家与人民的关系，就必须走到乡村，探究乡村社会赋役征收的实际运作机制，我在书中增加的第五章，就是讨论作为赋役征收与乡村社会关系联结机制的图甲制如何因应着赋役制度变化而发生改变。我当时相信这是通向解释一条鞭法的社会意义的关键，而图甲制与乡村社会实际形态的关系，是需要通过乡村社会研究来接续的。就是在这个时候，因缘际会，萧凤霞教授拿到了美中学术交流委员会资助的项目，准备 1986 年在中国做一年的田野调查，我们的合作就开始了。萧凤霞教授开始是想同我们的人类学系合作，后来发现同我们进行社会经济史研究的合作，更能够在学科之间的对话中展开她的研究。1985 年，她来给我们讲了施坚雅的研究。在叶显恩老师的安排下，陈春声和她一起去中山小榄，确定了以小榄作为田野研究的点。1986 年我和她一起去小榄，正式开始了在小榄的田野调查。所以，如果说我由比较传统的文献研究到把田野调查和文献研究结合起来，研究乡村社会，这个转变可以说是从 20 世纪 80 年代中期开始的。

除了 1986 年整年在小榄的田野调查之外，从 1987 年到 90 年代初，我和萧凤霞、科大卫每年都到小榄和新会的潮连做调查，当时我们下去非常频密。除了在中山、新会做田野调查之外，从 1988 年开始，在科大卫的带领下，我们还到香港新界看香港学者在那里做的田野调查。记得第一次是 1988 年科大卫安排我们去看新界的打醮，那次我们认识了蔡志祥、张瑞威等年轻学者。虽然那次由于搞错了日期，没有看成，但是印象很深刻，收获很多。第二天蔡志祥带我们去长洲，看坟墓，讲打醮。这时我们才开始对信仰、宗教有比较实际的认识。从这一年开始，一直到90年代中后期，几乎每年我都会跟着香港的学者在新界看神诞和打醮等乡村仪式。这个经验，令我对从事乡村研究，必须去看乡村的仪式和信仰有了越来越明晰的认识。1988年，科大卫还得到香港中文大学中国文化研究所的资助，开始了一个叫作"珠江三角洲传统乡村社会文化历史调查计划"的项目，主要在珠江三角洲地区做一些乡村调查。当时科大卫和我去找了几个调查点，第一个点是德庆的悦城龙母庙，是从广州坐船去的。看过悦城龙母庙之后，我们坐长途汽车去三水芦苞，芦苞有一个北帝庙。我们到那里一看，觉得很兴奋。因为科大卫之前已经对佛山有很多研究，佛山有一座北帝庙在当地历史上非常重要，我们在芦苞稍稍了解到一些情况，已经隐隐感觉到这些不同的地点可以串起来建立某种地方历史的线索。我们另外还选择了两个点，一个是番禺沙湾，另一个是南海沙头。沙湾在沙田区的边沿，沙头在桑园围。这几个点在空间上的关系可以反映出珠江三角洲乡村社会历史的不同时间和阶段的情况。1989 年和陈春声、戴和、萧凤霞一起在沙湾住了半年，这是此项目时间最长的一次田野考察了，科大卫也会经常来。

这就是我们最初几年在珠江三角洲做乡村社会研究的大概情况。有了这几年的研究经验，我的确把视线重点转移到了乡村社会，而且把更多时间放到了田野研究以及民间文献上面。旁人看起来，产生了我转移了研究方向的印象，这也很正常，但我始终认为这是我早期研究的延伸。

当然，由于这个阶段我们走进田野，是与一群对乡村社会有研究兴趣的朋友一起走的，外面看起来，我们做的是同样的研究，但其实，我们各自有不同的研究背景，也有不同的问题意识。我们逐渐形成一些共同的兴趣和意识是在 1991 年以后，尤其是华南研究计划的开展，使我们逐渐形成了更多的共识。大约 1990 年，萧凤霞在香港筹了一笔经费，叫李郑基金，是李兆基、郑裕彤捐了一笔钱给耶鲁大学和香港中文大学，用来推动这两个学校的中国研究。我们可能是最早得到这个基金资助做项目的。这个依托香港中文大学人类学系设立的项目主题为"华南传统中国社会文化形态研究计划"。开始时，这个项目的主要参加者包括广东的陈春声、戴和、罗一星和我，福建的郑振满、陈支平，香港的科大卫、蔡志祥、萧凤霞等等。后来，江西的梁洪生、邵鸿等学者也加入了。关于具体的运作方式，当时我们和科大卫、萧凤霞他们的合作虽然只有几年，但是感觉已经合作了很多年一样。我们认为我们最成功的是，我们不像别人那样共同去做一个课题，但是我们在各自研究的同时，经常进行有深度的讨论和沟通，共享想法、共享资料。项目参加者仍然是各做各的研究，但每两个月在一个人的田野点举办一次工作坊，每次 3~5 天。

第一次工作坊是 1991 年 8 月 2~5 日，在广东新会的潮连镇。那时候，我、萧凤霞、科大卫三个人都在潮连做田野研究。第二次是 1991 年 9 月 27~30 日，在广东佛山。第三次是 1992 年 1 月 3~5 日，在广东番禺。第四次是 1992 年 3 月 20~23 日，在广东澄海的樟林镇。第五次是 1992 年 7 月 23~29 日。第六次是 1992 年 8 月 12~16 日，在福建莆田。

我记得我们形成比较一致的共识，是在佛山举办的那次工作坊上。我们那一次讨论提出要有一些共同的方法和主题，以及在理论上有所建树。大家觉得神明的祭祀与信仰可以作为我们的主题。这里所说的神明崇拜也包括了祖先崇拜，祠堂、宗族的研究也可以纳入这一主题之内。当然，这样的兴趣，并不是新的想法，科大卫、蔡志祥在香港新界，以及我与萧凤霞在中山小榄进行的研究，例如她后来写的菊花会的文章，都与仪式有关。不过，作为这个计划的一种共识，是在佛山那次工作坊确立的。后来我们去了广东潮州、福建莆田考察，更确信这是我们这个计划的核心关怀。尤其是到了郑振满的田野点之后，这种认识更为明确了。当时，他的博士论文刚刚出来，讲的是宗族，但跑到莆田，他整天带我们去看庙，我们就和他说："你要带我们看宗族。"一天早上，郑振满说："好！我带你们去看宗族。"车子开到一个庙前面，我们下来一看还是庙，然后我们问，宗族呢？他指着庙里一块很大的碑，说宗族在这里。碑里的捐款名字确确实实是一个家族的系统，我们发觉，他们的宗族原来是在庙里面。第二次我们再到莆田，到了东岳庙，我们突然悟出：莆田的历史是从宋代开始的，宋代本地的士大夫塑造了当地的传统，把地方神提升到国家认可的高度，以神明的方式把地方拉进了王朝体系。科大卫和我们研究的珠江三角洲的历史，是从明代开始，他们更多用的是宗族的语言。于是我们就形成了一种带有理论意味的认识。这个认识现在看起来很简单，但在当时，我们觉得对我们的研究有重要的意义，历史时间、制度、文化规范、空间，以及在田野中看到的各种文化形态，都可以打通来思考了。

我本来是要把我们从 80 年代到 90 年代初走过路程的时间脉络交代一下，有点扯远了。你刚才提问里面提到的 14 年是怎么算的？

任建敏：从您的研究生论文到出书的这 14 年间。

刘志伟：这 14 年是从文本发表出来看到的时间，其实并没有意义。真正有意义的转折不是我的书的出版，因为那本小书从完稿到出版，中间隔了 12 年时间，是我的拖拉造成的。刚才说了，对我们研究的进展来说，比较重要的时间点是 1985 年和 1991 年，再后来，1995 年也是很有标志性意义的一年，那时，我们已经走了很远很远了，所以出书的 1997 年，并不是一个转变的时间点。

1995 年我们在牛津大学开了一个会，这是一个带有总结性的会议。当时，科大卫在牛津大学，我也到了他那里访问，蔡志祥当时也在爱丁堡。趁着我在牛津大学，科大卫把丁荷生、郑振满、陈春声、廖迪生等请到牛津，我们开了五天的会，议题集中在珠江三角洲、莆田平原和韩江三角洲，每天讨论一个地方。在会上，我们对大家的研究有很多讨论，在很多问题上都争论得很厉害。在争论中，我们对过去的研究形成了比较清晰的想法，大家现在在这个领域看到我们讲的东西，当时已经有比较系统性的理解了，后来只是陆续发表出来，实际上在认识上已经没有太多的进步。

1995 年还有另外一件比较具有标志性意义的事。那一年，我们以参加 AAS（亚洲研究协会）年会的一个小组报告为基础，由科大卫和萧凤霞合作主编出版了 *Down to Earth* (《植根乡土》，1995)这本书，这本书的导论和结论可以说比较系统地把我们的研究旨趣表达了出来。几年后，科大卫写出了 *Emperor and Ancestor* (《皇帝和祖宗》，2007)，这是一本很重要的带有总结性的著作。

可以说，1995 年出版的 *Down to Earth* 和此后科大卫开始写作的 *Emperor and Ancestor*，都表明这一年在我们的研究道路上是具有标志性意义的时间点。

任建敏：您的研究发表轨迹中，我感觉 1991~1992 年是一个比较明显的变化时期。1991 年以前，似乎主要是围绕赋役制度相关的问题进行探讨；1992 年以后，关注的范围扩展到了宗族、沙田、神明、"盗乱"与族群。能谈谈您是怎样逐步把研究范围拓展到这些领域的吗？

刘志伟：你提到的 1991 年这个时间点是有意义的，正是前面我提到的"华南传统中国社会文化形态研究计划"。但不是说到1992年才扩展到这些领域。我刚才已经提到，我第一篇文章就是讲沙田的，1984年前后我已经有一篇讲宗族问题的文章，族群与"盗乱"是我1983~1984年研究的重点。那时的研究最后写到书里只有一句话，但这是在我研究经历中花的时间最多才写下来的一句话。你看一回我的这句话就明白了，这句话原文是："所谓的'蛮夷'，不仅是一个血统的范畴，更是一个文化和社会的范畴，他们不仅在文化上属于'魋结卉服之民'，在社会身份上更是区别于'良民''编户''齐民'，属于所谓的'化外之民。'"[1] 在

---

1 这句话最初见于刘志伟老师1995年《明代广东地区的"盗乱"与里甲制》一文，载中山大学历史系编《中山大学史学集刊》第3辑，广东人民出版社，1995，第325页；同时在《在国家与社会之间》第二章中出现，见刘志伟《在国家与社会之间：明清广东里甲赋役制度研究》，中山大学出版社，1997，第101~102页。

我的毕业论文完成之后，我花了很多时间想去把广东的族群问题研究清楚，这些所谓的族群，在文献中叫作"獠""猺""獞"等。我关注这个问题，是因为我在研究广东明代的户籍赋役制度问题时，感觉到当时广东的社会变动，与这些族群在文献中呈现出来的活动有直接的关联，我要真正理解户籍赋役制度改革的社会意义，尤其是落实到本地的社会脉络，不能不了解当时的族群问题。我当时看了好多这类的资料，也包括当代民族学者的调查。不过我当时得到的认识是，明代广东的各种族群，在文献中的记录其实是很混乱的。明代文献中记录，当时大部分的非汉族群是"獠"，但到了明代后期以后，似乎就没有了，很多资料都没有提到。后来研究瑶族的李默先生是讲从"獠僮"到"猺獞"的转变过程，但我当时觉得，这个说不清楚的问题，其实反映了明代很多族群都在当时的社会变动中改变了身份的事实。

温春来： 刘老师，马克思好像对您产生了很大影响。之前您多少提到过这一问题，但是没有听您细讲。

刘志伟： 我们这代人，年轻时候读过的书，最重要的当然是马克思的著作。尤其是20世纪70年代，没有什么书可读，能读的有思想深度的书都是马克思、恩格斯的。我们的学术思维是从马克思那里学的。我16岁中学毕业，那是1972年。中学毕业之后，我有一段工作的经历，当时毛主席要我们读马列原著，其中有6本书是毛主席要大家读的，就是《共产党宣言》《哥达纲领批判》《法兰西内战》《国家与革命》《反杜林论》《唯物主义和经验批判主义》。马克思主义经典著作，是我最早阅读的具有思想深度的著作，当时我读后觉得最有收获的是辩证思维，因为我们少年时已经读过《实践论》和《矛盾论》，后来又读过艾思奇的哲学教材，我觉得马克思、恩格斯的辩证思维是不太一样的。当时希望从辩证法里找思想资源，解开疑惑。到大学读书之后，又读了马克思的《人类学笔记》、列宁的《哲学笔记》等。后来我们上蔡鸿生老师的课，要读恩格斯的《家庭、私有制和国家的起源》《德国农民战争》以及摩尔根的《古代社会》，再后来又读《人类学笔记》。到读研究生时，还读了《德意志意识形态》和《资本论》，我觉得读这些著作对辩证思维的训练很重要。我那时候对哲学比较有兴趣。真正让我们着迷的还是辩证法，读《反杜林论》和《自然辩证法》，头脑里都是辩证法的思维，再读黑格尔就更是如此。这个与我们那时候的政治关怀和时代的感观有关系。这种阅读是希望能够解开我们那个时代的困惑。所以，我相信年轻时候真正影响我们形成辩证的学术思维的，是马克思主义经典著作。

任建敏：近年来，您发表的一系列文章、笔谈，以及影响力超越了历史学界的著作《在历史中寻找中国》，我感觉和您以前的写作风格相比有了一些新变化。您把多年相关研究心得，包括明清国家转型、贡赋经济体制等，通过更为宏观、概括、系统的方式，向读者呈现您及您的同人所共享的对中国历史研究的思考。能说说您这一系列研究的出发点和目标是什么吗？

刘志伟：我近年来比较多写（谈）些议论性的思考性的文字，第一个原因是自己老了，时日无多了，觉得过去阅读和研究过程中思考过的问题和产生的想法，还是要赶快用笔记录下来，留下一点想法，这是比较正面的动力。

第二个原因是比较负面的动力，就是越来越觉得自己做不了什么专门的实证的研究了。要为自己找借口，可以找出很多客观原因的，如费很多精力，要去管理各种各样的项目，我都是要承担"管家"的角色，再加上多年来从事行政工作，虽然没有离开读书和研究，但专精深入的研究逐渐少了。除了这个借口以外，更重要的是，我原来主要做明代的研究，我们以前读书的时候，能看的明代历史文献很少，尤其是明人的文集，基本文献大致能仔细研读。但从 20 世纪 90 年代开始，过去看不到的明代文献大量被影印出版。最早是把《四库全书》里面的明人文集单独影印出来。现在的人可能把这套书忘了，但当时这套书出来之后，我一看，就知道麻烦了。我以前做研究的时候，看得到的只有收入《四部丛刊》的那几本，现在一下子可以看到那么多。继这一套书之后，《四库存目丛书》《续修四库全书》《四库禁毁书》系列也陆续出来了。还有过去只能从《天下郡国利病书》中看到明代方志的片段，也大量影印出版了。于是，一方面我们能看到的明代文献呈数以百倍的规模扩充，另一方面自己能用于研究的时间越来越少。以前我们做研究要求能掌握基本史料，但当时在中山大学，连《诸司职掌》《大明令》这些典籍都看不到，甚至《明会典》在中山大学图书馆也缺藏，所以有一种能掌握基本史料的自信。但 90 年代以后，大量明代文献涌到自己面前的时候，一下子产生了畏惧感，从此，我越来越相信自己剩下的时间做不了多少研究了。

第三个原因是在我重版书的后记里面提到的，我当年期望继续深入做下去的主要问题，最近十多年来，有越来越多人关注了，尤其是年轻学者们，他们找到的材料也越来越丰富，研究的专精和细致方面，都比我做得好。我觉得我已经落伍了，更没有信心了！

这些也许是我近年比较多发议论而少做专题研究的原因吧。

你提到了写作风格问题，其实，《在历史中寻找中国》中体现的不是写作风格，而是谈话风格。孙歌是很理想的对谈对手，因为她与我的学科和研究路子不一样，既对我的想法有兴趣，又常常会令我觉得误解了我的意思，这样就引发了我的辩解欲，刺激我去讲了好多"道理"，也就出现好像和我们写专题研究论文不一样的风格了。

谢晓辉：所以很多人说看不懂您的那本

《在国家与社会之间》，因为很多内容，往往就只用了一句话。

刘志伟：我的那本书是爬格子写的，不像现在你们用电脑写作。我现在用了很多年电脑，也看了很多学生用电脑写的稿子，逐渐悟出一点差别。我们在稿纸上爬格子的时候，每一句每一段都要想得很清楚才写下来，不像用电脑，先写了再去斟酌。特别是写下一段讨论时，用哪一条材料，也要反复斟酌选择，引文尽可能精简，不像现在用电脑写，可以大段引用，可以排比罗列很多史料。所以我写的时候是很吝啬文字的，修改誊抄的时候，只要觉得这句话有点啰唆，就会删除。

温春来：书的标题是怎么想出来的呢？

刘志伟：书的标题，是出版社要求有一个能在书架上吸引眼球的书名，就想了这样一个标题。20 世纪 90 年代，中国有一个可能不同学科都在关注的议题，就是国家与社会的问题。我觉得我既不是讲国家，也不是讲社会，所以就取了《在国家与社会之间》这个书名。不过，后来我发现，对这个标题大家的理解似乎不是我的原意。

温春来：我们很多人看书，都是先看标题。

刘志伟：这本书出来之后，这个标题好像被大家误解了，以为我要讲的是国家与社会的关系，甚至有人说我用的是国家与社会的理论。我以为我从来没讲什么国家与社会的理论。我用"在国家与社会之间"的说法，不是认为有一个主体叫作"国家"，另一个主体叫作"社会"，然后通过户籍赋役制度去讲两个主体的关系。我真正想表达的意思是，我既不是讲国家，也不是讲社会，而是讲一个既（不）是国家也（不）是社会的领域，就是我明天即将参加的会议的发言主题，讲中国王朝体制下的编户齐民社会，是一种国家与社会同构的体制。

谢晓辉：您在《在国家与社会之间》修订版里面，为什么特别选了那几篇文章作为附录?

刘志伟：前面讲到，我当年循着梁方仲先生的路子，研究户籍赋役制度，真正的关怀是要落在理解明代以后的社会变迁上的。后来一直在这个方向努力，但还不能完成一种具有整体性的研究。书的第五章，是要把赋役架构的变化，通过户籍体制的变质，引到解释社会结构的衍变，但后半部书始终没有写出来。因此，重版的时候，我想附上几篇后来的文章，多少能够呈现我的学术关怀所在。选入作为附录的三篇文章，本来都不是专题研究的原始成果，都是综合了我不同文章而成的，解释的架构相对比较完整，可以体现出我早期研究的学术关怀的延续。而且这几篇文章，都是在大家不容易看到的地方发表的，一篇在《东吴历史学报》，一篇在《中国乡村研究》第一辑，一篇在《历史研究》，放在书的附录，便于大家搜阅。

二　作为区域的岭南

温春来：我们正在办一个《区域史研究》的刊物，所以想请您谈谈岭南或者南岭。

刘志伟：这个问题如果要从头讲起，可能就说来话长了。南岭及其以南的区域，是我很想做一个整体的区域研究的地方，但是我现在相信这辈子大概也写不出来了。我对南岭的兴趣，牵涉一个也许很大的历史关怀，关系到在全球史视野下对整个中国史或东亚史的理解。这里我想先做一点辩解。很多人以为我是研究广东的，但实际上，我真正关心的不是广东的问题。我的书虽然写的是广东，但是里面大部分认识的形成，尤其是关于里甲赋役制度的认识，不是从广东的史料研究那里获得的。20世纪80年代初我读研究生的时候，我大量的时间是在看江浙和江西、福建的地方志。当时唯一能系统看的明代方志，是《天一阁藏明代方志选刊》

里面的方志，续编还没有出来。另外就是读顾炎武的《天下郡国利病书》，里头的内容基本上是抄录各地的明代到清初的方志。这两种史料是我研究的主要材料。后来我发现如果要做江浙和福建、江西的研究，研究生只有三年时间，根本做不过来。尤其是1982年我去了北京、上海、南京看书，我一算时间，根本不可能有那么多时间把东南几省的史料看完。所以在外地图书馆，我主要是看明到清前期的广东地方志。但在之前我已经看过东南地区的地方志，对我作用很大。所以，写论文的时候，为了避免铺陈太宽，我选用规制比较简单一致的广东为地域范围来讨论，但其实很多理解，不太可能只在广东一地的史料中了解清楚。我们年轻时候的历史关怀，其实不能摆脱整体的中国史。可以说，当我们把研究的目光专注于一个地方的时候，始终不能离开对中国史的整体关怀。

但是，我们也不要把中国史看成一个整

体,而"区域"只是局部,只是"中国"里面的"部分"。所谓"区域",真正的意义是一个超越国家的视域。一个所谓的"区域",可以是国家里面的一部分,也可以是跨越国家的空间范围;在国家里面的这一部分,可以局限在国家这个整体中看,但我更主张是超越国家的视野。这样,所谓"区域",虽然包含了"局部"的意思,但更具有整体的意义。因此,所谓区域研究,在以国家内部的一个地方作为研究对象的同时,更应该把这个地方放到更宏大的超越国家的视野里去认识。近年来关于所谓"新清史"的争论备受关注,人们似乎大多把着眼点放到如何理解"国家"的问题上了,我觉得可能更有意义的是超越国家视野这个方向。其实,这个方向,在近代中国史学发展中,是有着长久的学术传统的,就是所谓的"西域南海史地"研究的传统。从草原游牧人群与中原农耕人群的互动关系去认识汉唐以后的历史,本来就是中国近代史学的一种主流,在这个主流下，内在地包含了中亚的文明与东亚文明互动的视野。在这样的视野下，所谓区域，可以有不同层次，如关陇、山东、辽东、云贵、岭南是一种区域概念；西域、南海、东亚海域、蒙古高原，也是一种区域概念。我们不仅要研究这些不同层次的区域，也要从它们的关联和互动去建立我们的历史认识。小区域的历史，不仅要置于彼此间的互动中，更需要置于更大区域的脉动中去认识。简单说，我们需要的是全球史视野下的区域研究。其实，我们研究珠江三角洲、闽南这一类滨海地域，在对这些特定地域做微观考察的同时，也一定是与宏大历史连接起来的。在这种区域历史观念下，我们对中国历史进行思考，在王朝版图内进行分区研究时，不仅要有国家的视野，更需要有跨越国家的区域视野。这种研究在中古史领域有着很好的传统，蒙古和元朝史学者更是历来都采取这种视野。在明清史研究方面，近年来也越来越多地转向这样的方向，赵世瑜前些年写过一篇文章，题目是《时代交替视野下的明代"北虏"问题》，就体现了这样的追求。

赵世瑜这篇文章把明代历史中的"南倭北虏"问题放在"海洋史"的历史逻辑和"内陆史"的历史逻辑下来认识。受他启发，我认为我们的所谓区域研究，需要走出以"中原（中国）"为中心，从"中国"向外看的视域，从欧亚大陆中部到蒙古高原与南海印度洋这两个"内陆"和"海洋"世界的连接去理解。如果把我们历来视为"天下"之中的"中原"放在"内陆"世界与"海洋"世界连接区的层面来理解，那么作为这种地理连接带的"界线"，对于历史理解就有着特别重要的意义。这个地理连接带就是长城沿线经过的地带，这点历来是学界的共识，但学界好像很少提出南部连接带的问题。我认为，如果我们不把这个界线理解为空间的隔离，而是理解为交往的空间的话，这个连接区的南部界线，就是南岭。在人类历史活动中，存在将人群的活动空间分割和隔离开来的自然地理分界，但这些分割区域的自然条件，又是区域间流动交往的通道和媒介。不同区域之间的阻隔地带，同时也会形成一个交往的空间场域，就是说，这些边界地区，也是一种区域的形态。因此，这种区域的历史，一定要在全球史的视野下才能解释。如同我们要解释长城沿线区域的历史，需要从高地亚洲与中原农耕区的互动角度去展开一样，我们要解释南岭的历史，也需要从南海印度洋与大湖区的互动中着眼。我这里说的"大湖区"，指由洞庭湖、鄱阳湖、巢湖、太湖串起来的这个区域。

任建敏：长江流域？

刘志伟：是，现在大家一般用长江中下游来指称这个区域，不过，从地理时间角度看，我更喜欢用"湖区"或"大湖区"的概念。因为在漫长的历史时期，这个区域更具生态意义的空间是湖区，长江的意义表现在把这些大湖串联起来了。为什么要先交代一下这个大湖区的概念？因为我前面提到赵世瑜的意见，要从内陆史和海洋史两个层面去理解中国历史，同高地亚洲直接互动的是关中平原和华北平原，同南海直接互动的是湖区及其周边的山地，人们一般用黄河流域和长江流域来称这两个整合为中国核心部分的区域。我想大家都不会质疑这两个区域在中国历史上的重要性。从我所谓的"湖区"同海洋世界的联系来看南岭的地位，是我对南岭产生兴趣的原因所在。

　　我这里说的南岭，指的是广义的南岭。准确地说，是以南岭为中心的南方山地，从南岭往东，连接武夷山、罗霄山脉，延绵到浙江南部的山地，往西连到广西、贵州。把这大体连成片的山脉群视为中国与海洋世界连接的"界线"，才能对中国历史具有更整体性的认识，才能真正建立全球史视野下的中国历史认识，这是做南岭的"区域史"研究必须有的视角。因此，所谓南岭的区域史研究，是放在南海连通出去的海洋世

界与以湖区为核心的中国南部的视角下去
展开的。

我是在南岭地区出生和长大的，对这
片山地有很多切身的生活经验，也有很深的
感情。所以，前些年我看到吴滔、谢湜、于
薇他们在南岭做研究，自然很有兴趣跟着去
看看。南岭的地理、空间和文化、历史，我
相对比较熟悉，有关的地方志我都看过，在
脑子里有一个混沌的图像。另外，这篇关于
南岭文章的直接契机，还与这些年有点热门
的客家研究有关。记得在 2012 年，肖文评
在梅州召开一个有关客家研究的会议。我参
加了会议，临时被派了一份差事，要在会上
做一个大会发言。肖文评告诉我，随便我讲
什么。我其实没有做过专门的客家研究，就
把我对南岭的思考转换成一个关于客家的话
题，做了一个发言。后来，嘉应学院把录音
整理出来，要我改。我觉得与其改这篇即
兴发言稿，还不如把这个发言写成一篇文
章。当时我正在台湾交通大学客家文化学院

做客座教授，恰逢庄英章先生荣休，要开个会，我就报告了这篇文章，后来还收录到文集上发表了。但是，把这些思考转换成客家研究的话题，我总是觉得有点意犹未尽。不久后，吴滔他们要出"南岭历史地理研究丛书"，让我写一篇总序，我就在这篇文章基础上，将其改写成更能把我对南岭区域研究的思考表达出来的文章，就是后来这套丛书的总序《天地所以隔外内》。这些偶然写下来的文章，当然不能算严格的研究成果，只能看成我读过一些材料、做过一些思考所形成的想法的一个轮廓而已。

谢晓辉：我想起上次罗新来做的讲座，讲内亚与中原关系，[1] 您很兴奋。

刘志伟：对，他的讲座触动了我的神经，因为我主要做南方的研究，一直在思考

---

1 按：指 2018 年 5 月 25 日北京大学罗新教授在中山大学所做的讲座，题为"引弓之国 vs 冠带之室：内亚与中原关系史的几点省思"。

南海与南岭的关系，罗新讲内亚与中原的关系，在史观和方法上，让我产生了强烈的共鸣，所以当时有点激动。中山大学历史系的前辈，一直有西域南海史地研究传统，陈寅恪、岑仲勉、戴裔煊、蔡鸿生、姜伯勤、张荣芳等多位前辈老师，都是在这个传统下展开研究的，他们的历史观念、学术眼光和历史解释的路径，对我有潜移默化的影响。我们在中山大学历史系求学和从事研究，头脑里免不了会从西域南海史地的视野去理解历史，不管是中国史还是世界史的问题，头脑里面一直存在这根弦。所以，我们做区域历史的研究，不管聚焦在哪个区域，都会有这样一种惯性的思路，就是这个区域与世界的联系。我们的研究可能会主要集中深入利用手头能够掌握的材料，在有限时间内只聚焦在能整体把握的地域。但我们对这个区域的理解，还要有一个大历史的问题意识和宏观视野。例如我研究珠江三角洲，就总是放在"山海之间"的框架里展开。

任建敏：您 2015 年为"南岭历史地理研究丛书"撰写了总序《天地所以隔外内》（以下简称《总序》），虽然您在序中自谦是"观棋之人"，但实际上是以十分规范的学术语言，全面并大方地呈现了您对南岭历史的看法及研究思路。在我看来，这不仅是"南岭历史地理研究丛书"的序言，而且是您在多年南岭研究基础上提出来的"南岭研究宣言"。您在里面提到，以往学界谈及区域，往往以行政区、经济区、文化区等形式进行划分。而您在《总序》中特别提到两个人，一个是施坚雅，他舍弃了行政区划分逻辑，而把区域看成"人之互动的空间形构"；一个是申德尔（Williem van Schendel），他提出用区域间的政治过程及人群、物资、知识流动来建构区域单位。在您看来，岭南作为区域史的研究对象，有着怎样的独特之处？

刘志伟：所谓岭南，字面意思就是南岭之南。你提到岭南作为一个区域的独特之处，我想最基本的还是前面所讲的，要放在前面说的南岭的历史空间意义去认识。在这样一个角度下，岭南在地理概念上，首先是环南海区域的一部分，同时又是作为中国与南海印度洋世界连接带的南岭的一部分。还需要提到的是，在南海印度洋这个海洋世界中间，还有一个中南半岛，这个地理区域可以视为南海印度洋世界的一部分，又是在陆地上连接南亚次大陆和中国大陆的桥梁。岭南的区域特性和历史，要放在这样一种跨区域人群流动与交往的空间格局下去认识。

我深受启发的是人们在不同地区之间的边界上交往形成的区域空间意义。更早启发我这一想法的，是梁肇庭教授在施坚雅的区域体系基础上提出的客家区域的概念。因此，我这些想法更主要还是来自施坚雅的区域概念。

在中国历史学界，讲到施坚雅，都着重关注那个六边形的市场层级结构模型，以及由此逐级上溯形成的九大区域的周期理论。这当然是施坚雅对中国社会和历史的解释。但我认为，他的这个模型对中国史研究来说，更大的意义在于，他建立的区域，是通过"人之互动的空间形构"来理解的。我要强调的是施坚雅在他就任亚洲学会主席的演说中的一句话。我把这句话翻译为："（区域）是一个地方和区域历史的网状交叠层级体系，这些地方和区域的范围分别以人之互动的空间形构为依据。"中国的中国历史研究从前是没有这样一种认识的。这一点对社会科学来说本是不言而喻的，如经济学和人类学，如果要建立区域的空间概念，也许很自然会从人的行为去构建。施坚雅从普通村民的活动出发，弄出一个中国历史的结构和周期的解释，对于史学研究来说，应该产生很大的冲击。只要想明白这一点，所谓区域研究也好、地方研究也好，小社区研究也好、个人研究也好，都能够和大的历史研究联结起来。我觉得这样一种认识的逻辑很重要，哪怕一些很零碎的叙事，也可以引到对大历史的理解。这应该成为作为社会科学化的历史研究的基本认识方法。明白这一点，对申德尔的说法也就不难理解了。他就是以不同地方边界地区的人员与物资的流动所形成的空间来将这个地区视为一个区域。在我们的历史中，无论国家、区域或省区州县，都是确定的历史单元。关于这个单元的历史解释总是在揭示这个历史单元本身发生了什么，而少去看这些单元之间的连接地带，因为人们的交往活动也可以是一个区域。这个就是黄国信的《区与界》中所讨论的问题。过去很多年来，陈春声在很多讲座里面都讲到过，"界也是一个区域"。这样的区与界不是随意划分的，而是由于人的活动而形成的。人们的活动交互叠合，就有新的形构出来。这样去认识区域概念，就比较好理解了，这种区域不是由研究者根据某些定义随意划出来的。

我提出过，客家话其实是南岭山地的"普通话"，引起一些人的批评。语言的空间分布为什么可以构成一个区域？因为语言是在人的交往中形成的。历史唯物主义强调以交往方式来理解历史，所有社会的变化以交往方式的改变而发生。在这个意义上，区域其实就是随着交往方式变化形成的空间过程。回到岭南区域史的话题上，在这样的区域观念下，现在习惯性以国家、政区和行政体系为单元去研究，去定义地域文化概念，会遮蔽我们的视野、扭曲区域的图像。

任建敏：您的一篇文章中讲到东莞的例子。

刘志伟：那其实不是一篇文章，是在东莞一个会议上的即兴发言。那个会议是东莞市办的，他们自然希望我讲东莞的历史如何如何。是的，东莞也许可以作为一个例子。要把东莞理解为一个区域，就不能只局限于今天的东莞市范围，古代的东莞，今天已经变成了两个地级市（东莞、中山），两个经济特区（深圳、珠海），两个特别行政区（香港、澳门）。今人以行政建制为历史单元，就有了几个不同的"地方史"。于是每一套地方史，都有一个从古到今的系统。所谓"东莞"，其实是由珠江口这个海湾的东部陆地和海岛构成的区域。如果看今天的地图，大家可能会觉得奇怪，现在珠江口西岸的中山（香山）和广州南沙区，过去也曾经是东莞的辖区。如果我们从人的流动和交往去理解这个区域，就可以了解，在现在叫作大湾区的这个地方，很久以前是一个海上的世界，这个地方的区域格局，主要是由海上交通构筑的。在广州以南，香山岛以西到新会崖门之间还是一片海面的时代，这个海湾西部海域连起来的岛屿陆地，自然是同一个区域。在这个区域内，还可以把珠江口一侧与大鹏湾一侧分成不同的区域，即按今天行政区划定义的香港、深圳的区域，其实东半部和西半部属于两个不同区域。我这样说，是从不同海域的人之间的交往圈来理解的。从很多文化遗存是可以看出这个状况的，例如语言、龙舟等。我在香港大澳看到的龙舟是长龙，和珠江口西岸是一样的；我在香港大埔看到的龙舟是短的，和惠州以东的是同一类型。大澳的语言近番禺，大埔的语言近惠州、潮州一带。当然，后来新界成为香港的一部分，陆路交通又成为主要的交通方式，这里的人有了新的交往模式，香港、新界就成为同一个区域了。所以，如果我们以施坚雅所说的从"人之互动的空间形构"来理解区域，就不会执着于区域概念的定义了。所有的空间单元，都需要由人的流动、交往、互相影响去划出作为研究单元的区域。

要在这样的观念下讲"岭南"，如赵世瑜不久前发表的一篇文章《"岭南"的建构及其意义》(《四川大学学报》2016年第5期)，对像岭南这样的区域范畴做了很好的历史解构，虽然这篇文章讲的是"岭南"，但实际上是关于"区域研究"中非常重要的方法论的讨论。

有一个与此相关的话题，我想谈一谈近年来说得很多的"广府"这个概念。坦率说，我是不主张用"广府"这个概念的。如果"广府"指的是"广州府"，当然不是什么问题。现在讲"广府文化"时，"广府"基本上指的是广州以及狭义的珠江三角洲地区，宽泛一点，也包括了肇庆地区。即使这样，"广府"这个标签还是令人不安的。最直接的疑惑是，"广府"是否包括广西地区？我认为，秦汉以后在南岭以南设立的三郡，现在广州以西地区是桂林郡，其整体性是很明显的。唐宋以后，虽然分了广东、广西，但从桂林以下，包括了左右江以东的整个西江地区，在文化上都有很明显的一体性。现在人们用一个"广府"的概念，就用行政区的标签覆盖了人文与经济的区域范畴了。对广州这边的人而言，到梧州、到南宁，并不觉得是到了一个特别陌生的异地，但用行政区来界定我们的生活范围之后，就很习惯地把这些地方界定为"异域"，就成了非常遥远的地方。

任建敏：现在广西的西江一带的梧州、

贵港一带，对"广府文化"的认同很高。

刘志伟：我相信是这样的。这一带本来就同广东的肇庆、广州是同一个文化区，人群、交通、语言、风俗都有不可分割的历史联系。当然，也可以说有一种"攀附"的心态，明清以后，特别是近代以来，广州与珠三角的核心性大大强化了。但这种"攀附"不是想做就能够做的，其中历史文化的传统联系是更深层基础。

任建敏：《总序》中您提到，南岭的粤北地区户籍人口从宋到明的减少，隐含了明中期国家在地方社会存在形态的重大转变。而您提到一个转变是南赣巡抚的设置，似乎仍然意犹未尽。能否在这个问题上再做进一步展开？

刘志伟：我记得这个事实中山大学的地理学家徐俊鸣教授讲过。我们历史文献中的人口，是户籍人口，即国家控制的人口。明代以前，尤其是唐宋，王朝在现在的广东最直接控制的地区，主要是粤北。但宋代以后，随着珠江三角洲的开发，王朝的控制中心移到了珠江三角洲地区。在宋代以前，珠三角还不能说是"蛮荒之地"，而是还没有"地"，广州城以外，南边还是一片海，当然这个海湾里有很多的海岛。

任建敏：我在成化《广州志》里面发现有很好的记录，可以看到寺观建立的时间，看到宋元到明初粤北与珠江三角洲寺观建设的时间差。

刘志伟：你这个证据很好。

任建敏：您提出，"叛乱"与族群互动，是形塑南岭社会文化特质最重要的机制之一，这一点我深表认同。您与科大卫老师的相关研究对我的启发是最大的。在我的印象中，岭南地区各种"盗寇""猺獞"的动乱，在文献记载中最为集中的时期是在明代正统到万历初年。您是怎么看待这一时期动乱频发的现象的？对岭南地方社会的形塑产生了什么影响？

刘志伟：粤北在元明之际发生的变化

确实很大。明中前期，正统年间的东南地区邓茂七、叶宗留等在山区的动乱，影响范围很大。不一定只是他们这群人本身，还有东南地区一大片山区里头的人。这些人的所谓"叛乱"，不应该简单理解为造反，而是这些山地人与国家统治互动的方式。王朝镇压"叛乱"的结果，就是这些人被纳入了王朝的管辖。

我这里指的东南山地，从浙江南部到闽西、赣南，绵延到南岭以南。王朝国家在这个地区的统治，呈现由点到线到面的趋势。明代以前，是交通线的"点—线"关系。离开了这些点线的山地溪峒，政府基本上是控制不了的。到了明代，慢慢转向了面的控制，即将溪峒之人纳入管制范围，由点到面的扩大，表现出来的是在面的层面发生的普遍"叛乱"。这种在面的范围呈现的"叛乱"，是通过一种内在机制展开的，不是点自身的扩大。这种内在机制，是随着山区里面的人和外部世界的交往的频繁，以及周边很多地区在经济上的发展，人们对山区资源的需求越来越多，正如梁肇庭讲的，周边地区的发展把很多人推往山区，他们在山区找到自己的生存空间。这些转变有很多原因，如自然生态、经济、社会矛盾等。他们进到山地之后，把原来生活在山地溪峒深处的人，拉入一个更大的社会交往圈，融合与冲突都更频密了，文献上常常把他们称为"盗贼"。他们和山地以外的沿交通线分布的王朝统治的点的接触越来越频繁紧密，这些点常常也是市场的中心。接触与互动加强了，自然就会发生在资源控制上的争夺和冲突。王朝国家的势力要控制这种局面，要将这种互动纳入国家的秩序下，"叛乱"就会经常发生并蔓延。所以，明代这个地方频繁发生战乱，实际上就是这个地方被纳入王朝国家管制的过程。动乱其实就是一种区域整合的机制。我在《总序》里表达的就是这样一个思路。

任建敏：这个对我启发很大。

刘志伟：所以，这段看上去是"叛乱"

的历史，看起来是要与国家脱离，其实正是与国家拉近的过程。这不见得是王朝国家有意识的举措，因为这个地区对王朝国家而言，没有太多的直接的价值。国家重视的，是控制交通线。历代王朝对岭南的兴趣，不在于这个地方能提供多少财富，王朝国家关心的重点在于，通过这里获得来自南海的资源。但明代以后，王朝国家和周边地区对山区资源的需求增加了，包括矿产资源、山林资源，还有日益增长的人口，形成了对山地资源的需求，山里的人走到外面，外面的人走进山里，交往也越来越频繁。这样一来，人的流动和互动，就由点、线扩展到面，这是改变山区的历史过程。明代南赣巡抚的设置，固然是国家的政治行为，但背后的历史机制应该放在这样的一个过程中去认识。当控制由点、线演变为面时，就要考虑控制距离等问题。山区整合到一个更大的网络之后，交通线也会增加，新设的县也会更密集起来。

任建敏：那么，明代广东新设了很多的县，清代则在边疆地区设置了很多厅。这是不是代表明清国家对边远地方的治理思路有变呢？

刘志伟：我觉得不是思路的转变，而是国家的格局和规模的改变。我印象中清代广东设厅不多，但厅的设置，确实是和上面提到的这一过程有关。设厅往往都是在几个县的交界处，或者是在一个县的边角地方。还有如赤溪厅这种，是因为土客矛盾要分而治之设立的。设厅是因为作为州县并不够规模，但是要有非常直接和实际的控制，因为厅和省的关系，其实比县和省的关系更直接，能让省一级的权力直接控制。说得更形象一些，在已经设置了大量州县的地方的空隙，面临动乱的威胁，要加强控制，就要用省一级的权力更直接地控制，但又不像州县那样需要设置更完备的行政机构，并有更充足的财政支持。后来成熟的厅很多变为县。

任建敏：当前岭南研究以珠江三角洲、

粤东沿海地方社会的成果最为丰富，而粤北、粤西相对薄弱，粤北地区的情况，您在《总序》中谈得比较多，对于粤西的区域研究，是否也可以进一步谈谈呢？

刘志伟：你说到的粤西、粤北地区的研究，困难主要还是史料的问题。

任建敏：但是粤北的资料应该不少。之前我们在乐昌考察的时候，看到很多的族谱。

温春来：对，之前我们在乐昌收集到很多的族谱。

刘志伟：乐昌其实是一个比较有历史文化传统的地方，从广州的角度看起来，是边缘地区，但这里邻近湖南，又处在南北通道上，文化上更受湖南影响，族谱多是可以想象的。但是，只凭族谱资料能够展现的历史还是很片段的，其他文献资料还是有限。不过，我想如果深入下去发掘，也许会有新的发现。你所说的粤西指的是什么？肇庆？

任建敏：比肇庆更西的高州、雷州。

刘志伟：这个地区过去叫下四府，是粤西的一部分，但如果用"粤西"这个概念，一般有广东西部和广西两个意思，把这两个意思综合起来，我个人理解的具有历史文化的同一性和整体性的粤西，除了下四府，还包括肇庆、梧州、浔州、郁林、桂林等地。我相信粤西的资料不见得会比粤北少，尤其是广西地区，由于过去学者已经做了大量的工作，已搜集的碑刻资料特别丰富。这也提示我们，粤西和粤北的研究，首先还是要大力开展资料的搜集。粤西的历史文化内容相当丰富，若研究深入了，可以提出的问题和形成的解释，有望比珠三角更有厚度。不同地方，有不同的中心议题，都有待于新材料的发现。我们未深入下去，总是以为没有多少材料。一旦深入发掘，应该是很丰富的。过去很多学者的研究成果都证明了这一点。要建立岭南地域的区域史解释框架，粤西地区的研究应该比珠江三角洲地区能提供更多的信息。因此，我想，目前除了应该大力搜集文献资料外，最重要的可能是在各个地方的分散研究基础上，形成更广阔的历史视野，提出更具有学术深度的问题。

三 区域史的学术训练

任建敏：历史人类学的一个很重要的提法是"在田野中阅读文献""在田野中理解历史"，您和其他老师都曾说过：我们做的田野，不是人类学家所做的田野。从"历史人类学高级研修班"到如今很多高校都在举行的田野教学实践，您能谈谈您心目中历史学者的田野是怎样的吗？

刘志伟：这个问题正是我有点忧虑的问题。无论我们是办研修班，还是在课程教学里带学生到田野里走走，我们的方式往往限于到当地到处走一趟，看到碑就三下两下拍下来，看到族谱也马上摆开摊子，一页页拍下来。很多地方其实只待上半天或一天的时间。以这样的方式开展教学，我觉得也不坏，总比只在图书馆里看书不到现场好。但现在大家逐渐以为历史学的田野就是这样做的，这是一个误解。我们历史学者到田野里做研究，当然不应该也不可能像人类学家那样深入参与、观察、体验，无论是研究资料的偏重还是研究时间的分配，都不可能那样做。但是，我们也不能把田野研究理解为只是找文字资料。历史学者跑田野，要先放弃一种期望，就是以为在田野里的收获可以直接在写论文时用得上。田野里看到的东西，可能99%甚至差不多100%是写不进我们的论文的。我们用来写论文的，主要还是文字资料。因此，田野里收获到的，主要不是资料，而是成就我们解读资料的能力。我们现在跑田野，经常是见到碑抄（拍）下来就走了，连碑所在的地形环境，碑附近有什么人，有什么建筑、景观都不知道。如果这样，同在图书馆里读一本碑刻资料集也没有什么区别。到田野里，在搜集文献的时候，有以下几个方面虽然写不进论文，却也是应该重视的。

第一，适用于所有田野工作的是获得空间感，包括方位、景观、生态环境，就是我在现场看到的材料，能放回到现场的空间感。这种空间感的获得，不需要花太多时间，一进入就要很有意识地去捕获，不要视而不见。这种空间的掌握，对于解读文字资料是非常必要的，郑振满称之为在现场读碑。我可以举一个例子。我在顺德乐从和中山南区分别见过一块刻着来自海外很多商埠的捐款人名字的石碑。只是从文字上，看不出这两块碑有什么实质性的区别，你都可以解读为海外华侨热心家乡建设，踊跃捐输。但如果你到现场去看，看社区的形态，看这些人与周边村社的关系，看他们的信仰和仪式，还有看他们的生活习俗等，就可以了解这两块碑反映的海外捐款背后的社会意义和社区历史有很大的差别。中山那块碑记录的捐款，反映的是水上人登陆定居，开始形成聚落社区的历史；而顺德那块碑记录的捐款，反映的则是一个大宗族强化其整合力的历史。这种差别，必须到现场结合实地的田野经验才会看得出来。

第二，要和当地人接触沟通，前面说的空间感还需要同当地人的情感相通。我们现在到乡村里，常常把当地人当作资料提供者和信息来源，不够注意在同当地人接触中培养情感，了解他们关心什么，了解他们的思维和表达习惯，了解他们对周边的人和世界以及对政府的认知。我不能说这种理解一定对写论文有用，但我觉得要尽量培养出理解当地文献的能力，这种能力是必需的。

第三，要观察景观和各种礼仪标签，包括建筑、道路、各种设施，这些也是资料，也是包含了丰富历史信息的资料，会帮助你发现和理解当地的历史。

第四，要关注当代的社会和人们的生活，包括当代正在发生的活动的文字资料。比如我们带学生下去，我会告诉他们，一定要到村委会，村委会里面很多资料很有用。

例如我前几天到了开平，进了一个社庙，这个地方是当作村委会办公地在用的，墙上贴着每年分红的名单，2015 年他们只有 38 人，2016 年到 2017 年都是 40 个人。由此一下子就了解了这个村子的规模了。这是一个有资格分红的人的名单，是最准确的资料。在分红名单的旁边，还有某某祖捐钱做什么活动的记载，然后就能发现某某祖比这个村的规模大很多。如此再和旁边的老人聊起来，老人告诉我们，村是人民公社时期留下的。而某某祖是更大规模的群体，包括了一个半村的人。我马上由此想到这个祖先祭祀形成的群体与村落的关系。这些认识不一定能写进论文里面，但我们由此对地方社会形态很快就有了更真切的认识。

第五，我们还要看坟墓、祖屋等历史遗存。关于这方面的解释很多是和历史有关的。我喜欢带学生到南沙的塘坑村考察，那个村的背后有非常精彩的历史。

第六，要尽可能多地了解现实的情况，

尤其是生态与生计、婚姻家庭制度、民间社会组织、仪式活动、各种民俗等。我们做历史研究的，虽然不可能专门去研究现实，也不会直接用现实套用到历史上，但我们还是要相信现实与历史是有相通的地方的，哪些相通？怎样相通？相通的逻辑怎样？这些当然都取决于我们的历史素养和研究经验，也需要有比较好的史学积累和历史通解能力。获得这种能力没有捷径，但长期的田野经验（包括自己的生活经验）和阅读经验，是可以积累起来的。

我们不一定像人类学家一样，对生活生计、生育制度、亲属制度等有那么细致的了解，但我想最基本的是培养田野现场感和理解当地人，要培养同情理解的能力。这样你的研究才能生动地贴近现实，你才能在单调的文字中发现活生生的历史，写出来的论述才能活起来。

任建敏：您和科大卫老师、赵老师等几位老师，感觉都是比我们这些年轻小辈精力充沛的人,我们常常会在各地田野活动中看到你们的身影,有时候一个暑假回来,会看到您很明显地被晒黑了。现在一些学生,虽然选择了区域史作为题目,但一旦细问起来,他们所谓的田野,大部分只是在公藏机构搜集文献,或者到乡村走马观花。我想知道,是什么促使您一直对田野保持巨大的热情的呢?

刘志伟:这个问题其实很简单。就是要看你是不是会享受、会欣赏。你就把我们看成小孩一样,看到什么会来精神,看到什么会兴奋起来,就明白我们在享受的是什么。我们走到乡村去,常常会看到原来材料里面没有生气、很死板的东西,马上就活起来了,就会兴奋,尤其是在读材料时找不到感觉,无法理解的东西,马上有感觉了,也变得能够理解了。这种情况下,我们怎么不兴奋呢?问题就在于,我们要带着好奇心、带着同情感、带着问题意识去跑田野,这样当你身处田野中,就会觉得精力充沛了。

任建敏：所以对自己做的研究，要有起码的兴奋感。

刘志伟：这点是我常常批评学生时说的话：不懂生活，只会从书本上的概念去思考，其实还是不懂学术。一个学者，对周围的东西，要有一种人文的关注。很多学生以为自己只有学术的关注，而这种所谓的学术关注，只是有一些概念化的要求，我要研究乡村，要研究宗族，研究信仰，才要去找这些东西。很多人可能想，我做的研究课题要有这些内容，我就去看这些。但不关心他们为什么要这样生活，这些概念化的学术范畴对于真实的生活有什么意义。我在 20 世纪 90 年代，有很多时间，跑了很多地方，看了很多村子，看了很多的庙、很多的祠堂，在那里，看到的是当地人各种各样的喜怒哀乐，各种的欲望和情感。我们做研究，有兴趣的是人间，我们要观察、要体会、要感受的，是人的生活、情感、趣味和追求。一旦你有了感受，有了追求，你去理解那些概念化的学术范畴，就会有不一样的认识，写出来的时候，无论是宗族、民间信仰还是社会组织，都才会变成有意义的东西，而不是一堆干巴巴的标签。

任建敏：在您 30 多年的田野调查经历里面，能不能谈谈一些对您的研究理念与思路产生重要影响的例子呢？

刘志伟：这些就很多了，只能略举几个。一个是我们在莆田东岳庙考察时提出的理论，科大卫在《告别华南研究》里面写过了，你们去看就好。一个是在沙湾田野调查的时候，我和陈春声骑单车在河对岸的沙田村子走，我们骑啊骑啊，骑了很久，都看不到尽头，一直看到的都是堤围和建在堤围上的房子。可能走了几个大队。现在我们有谷歌地图，一看就看到这些条状的乡村，以前没有啊，你不知道是这样，但骑着自行车走过，就对沙田区的村落形态以及这种村落形成的历史及社会构造有了切身的体验。这个田野经验对我认识沙田区乡村的影响是很深的。还可以举一个我和萧凤霞在中山和番禺做田野调查的例子。我们在不同的乡村中，常常听到人们用"埋面""开面"的说法来区分他们与邻旁村子的关系，"开面"含有指称别人是疍家的歧视意思。但我们在实地跑这些村子时，可以清楚看到彼此之间其实并没有太明显的差别。这个田野经验对我形成对珠三角区域的社会格局及动态过程的认识，是很关键的。这样的例子还有很多，我们差不多每一次在田野跑，都会形成一些新的想法，有些慢慢忘记了，有些后来被其他经验否定了，也有些逐渐累积成一些理论的思考。

温春来：记得您同其他几位老师带我们去参加蔚县历史人类学高级研修班，在蔚县乡村，我们看到，张家庄的村民都不姓张，马家庄的村民也不姓马，他们也说不出自己村子的历史，哪怕这个村子有名人，他们也不清楚，说明这里人口的迁徙很频繁。大家当时还问过一个问题：科大卫老师在珠江三角洲所揭示的入住权，在蔚县到底还有没有？

刘志伟：对，只要走出去，就会有新的想法产生。

任建敏：外界印象中，认为华南研究的传统更注重田野实践，但您曾经在和陈春声老师合作的《理解传统中国"经济"应重视典章制度研究》（《中国经济史研究》1996年第2期）一文中呼吁要重视典章制度。而且提到，近年来典章制度研究总体进展不大，是由于这种研究受研究者心态、古典文化功底和学术精神等多方面的影响，使刚入门的研究生难以感觉到这种研究的学术魅力。面对这样一个节奏越来越快的时代，您觉得现在的研究生，应该如何培养典章制度的学术功底？如何兼顾史学基础的训练与学生的毕业论文写作？

刘志伟：在这个问题上，我们常常被赵世瑜笑话。因为我们曾经写过应重视典章制度的文章，也写过应重视田野调查的文章。赵老师笑说，话都被我们说了。但事实上，这也是他的主张，我们的确应该重视啊。我们要在田野里形成理解典章制度的能力，就需要了解我们所见的社会现实是在什么典章制度下成为这个样子的。现实的状况，不是根据制度条文的规定去复制的，但是，无论遵行也好、对抗也好、应付也好，制度是存在的，总是会以种种途径和方式与现实联系起来。

任建敏：现在研究生选题目，往往直接扑到一个小区域里面去了。

温春来：以前刘老师您带学生的时候，也是一开始从《明史·食货志》等基本文献开始的。

刘志伟：这个问题说起来有点复杂，直接扑到一个小区域里面没有错，从基本文献读起也是必需的。本来这两方面的训练是并行不悖的。之所以我们感觉有点紧张，简单说还是因为现在学生培养方式和要求变了，学生成长的路子不一样了。第一，现在人们能拥有的静心读书的时间，再勤快的学生也是很少的。第二，学业压力大，有很多评价的指标，很多不符合人文学科实际的教学要求，例如要以发表多少篇论文作为标准来评奖学金，甚至作为毕业的必要条件。要毕业，要拿学位，要看你研究成果的量化结果。这些要求，令学生难以按以前读书的路子走。我在读研究生的时候，开始老师要求读《明史》《明实录》，我是去读了，但读了一个学期，发现这样读下去，写论文的压力就越来越大了。于是，我打了折扣，读《明史》的时候以志为中心。《明实录》，我读了《明太祖实录》之后也就放下了。但老师要求的《天下郡国利病书》和《明经世文编》是一定要读的，但坦白说，我读的时候也偷懒了，没有读得很认真。不过，同现在学生的处境相比，我那个时候还好一点，还可以先从读几本文献史料开始，那时没有研究目的的阅读，现在还是感觉终身受用的。但现在连这样的最低限度的阅读我都不敢要求学生。学生一入学就面对专题研究的压力，面对"创新"的要求，几乎不可能用充足的时间去精读几本书。因为这样读书，怎么顺利拿到硕士、博士学位！我们现在都越来越感到培养学生掌握典章制度的学术功底的必要性，但各种学生培养考核制度越来越繁复，以致学生要真正从基本功练起，成了一种不切实际的奢求。虽然如此，我还是希望学生至少要知道读书治学本来的要求是什么，努力朝着这个方向做一些补救，起码你在研究具体课题时，若碰到问题，这些问题相关的那套制度，你要去了解，不能不管，更不能随便只在百度上搜索一下，就糊弄过去。至少你对这套制度基本的史料怎么讲的，前人相关的研究是怎么解释的，多少也得了解一点。最低限度，你要自己觉得已经懂了，是不是真的懂了不一定，但不能完全不管。明白了这个要求，史学的很多基础训练，还是可以在毕业论文写作中慢慢进行的，相关能力自己去培养。现在最担心的是，没有这种意识，没有这种自觉，论文写完之后，什么基础训练都没有。

温春来：刘老师对我们的《区域史研究》有什么寄语呢？

刘志伟：我们讲的区域史研究，是在现有的学术体制与学术格局上面来讲的。其实每个人都有自己划定的领域，但是绝不能画地为牢。我们强调区域史研究背后的理念，是因为我们觉得，这样的研究至少有两点是要坚持的：第一，它是接地气的，是落实在特定的时间、空间的；第二，区域史研究尤其需要把握整体，无论是史料的掌握也好，还是方方面面的内在关系也好，只能在特定的区域视野里，才能得到整体性的把握。区域史，是相对于所谓国家史的一个概念。这种相对，不是说研究的空间范围的大小，而是说在历史认识论和方法论上和国家史要有所区别。在我看来，国家史是以国家作为行为主体，区域史则要以人为行为主体。区域史研究不是要取代国家史，也不是国家史的补充。我们千万不能把区域史理解为国家史的局部或缩小版。区域可以是某国内的一个地区，也可以是一个国家的范围，可以包含多个国家，也可以是跨越多国边界的地理场域。区域史是在历史观和史学方法上与国家史不同的历史范式，不应该在整体与局部区别的意义上理解。

温春来：现在很多学生做的区域史研究，做得很琐碎，有时候想要讲一些道理，却做成了前人的注脚。

刘志伟：这里的问题是，他们要做的所谓"学术"，只是按照某一个研究模板，套入某些内容。在他们的脑子里其实只有一些概念、范畴，而没有活生生的真实的历史。所以区域史的核心关怀是对人、对整体史的追求，离开了这样的追求，只是在已有的框架下增加了某些事实，不能算是好的区域史研究。现在常见的误解是以为区域史是国家史的缩小版，但我认为，区域史的追求不是做更小的历史，而是要做更大的历史。

谢晓辉：谢谢刘老师，您的这个访谈，用在《区域史研究》的开卷真的非常合适。

四

让那些被权力遗忘的人群，在历史中留下自己的痕迹*

* 本文原刊于《经济观察报》2020 年 4 月 1 日，访谈记者朱天元。

历史学毋庸置疑是一门以研究人作为核心的学科，无论是在历史课本还是历史著作中，我们却常常发现作为历史叙述主角的人，是模糊的、空洞的，历史中的人民或是等待着英雄来临，或是在乱世与灾荒中沉默地忍受，或是揭竿而起成为新的权力精英。历史学家经常以上帝视角代入到历史当中，他们制造出"人民"的概念配合着权力，但人民也变成被意识形态想象与编织的对象。那些无缘进入历史书写的人群，他们琐碎的生活往往被历史学家的笔墨与目光忽略。敏感的历史学家也许会反思自己不自觉的上帝视角是否能够真实地反映自己与研究对象之间的关系，前者是冷静的、中立的和带着必然性的，后者则是粗糙的、热切的，充满着偶然，如果历史中的人面目模糊，成为典范记忆的注脚，那么关注个体差异与特征的历史学的生命力则将大大地打折扣。

　　对于历史学者刘志伟来说，历史学的

意义在于还原在具体情况下每一个具体的人。在与思想史学者孙歌的一次对谈中，他曾经如此重申走出以国家权力与制度为核心的历史观，建立以个人为基点的历史观的重要性，"如果历史的主体是国家，就可以演绎出我们熟悉的很多历史的论述；但如果历史的主体是人，那么我们就可以相对自由地由人的行为去建构起一个包括国家甚至一个更大范围的历史，也包括很多抽象的概念的历史"。在刘志伟的一系列研究中，我们也看见了他孜孜不倦地尝试，在大量的乡邦文献的阅读与田野调查背后，他试图追溯古代中国的中央政府如何塑造了各个区域的基层，尤其是在长期被视为边陲的华南，被规训的个体又如何通过自身在本土的资源与权力讨价还价。两者之间的共谋与妥协，又是如何形成了潜移默化的制度，并深深地影响着历史。

2019 年刘志伟将自己多年的序跋文

章结集为《借题发挥》，其中得以见到他多年的旨趣与研究背后深切的关怀。在他关于南岭区域历史、口述史学、族群与制度的评议中，都有着他多年以来坚持的观念：以中原和中央王朝为基点的历史叙述，仍不足以理解古代中国与当代中国之间的联系，更不足以理解中国的多元结构。在区域视角、个人视角与国家的平衡之间，拆解生硬的概念与理论，使理解中国的多元成为一种可能。而"中国"的概念从不是一成不变的，它是生活在其中的每一个人用自己的智慧与实践共同演绎形成的。他们在日常生活中对权力的回应，也在潜移默化中影响着由政治精英们创造的历史。历史学家们津津乐道于国家、制度、族群、思想因素的背后，是一个个生活在这些概念之中，有着欢笑与泪水、痛感与愤怒的人。

问：在《借题发挥》中，您提到了历史学家"移情"与历史学家理智与专业的界限。您的研究大多集中于社会的基层与边缘的族群，在您看来，历史研究者应当如何调整自己的视角与身份，去理解历史上那些处于边缘地带人群的情感与选择？

答：说清楚这个问题，要从最基本的问题——历史是什么谈起。对于历史学者来说，我们经常说，要研究人民大众的历史，可是长久以来，并没有摆脱传统的政治史主导的套路。在古代，历史记述是国家权力的重要组成部分，从一开始就是国家、政体、政权、政治组织和政治事件、政治过程的历史，并不像当代历史学那样包罗万象。历史从来都是关于国家权力、国家合法性以及国家统治的一种表达方式，所谓历史叙述是以此为出发点的。

20世纪史学发展的一个主要方向，就是要从这样的范式走出来。历史学家先是意识到要把研究对象从统治者和帝王将相转移到社会底层。受到马克思主义史学影响，历史学家有意识地将研究视角下移。但是，从实际的情况看，历史研究实际上并没有真正走出原来的范式，长期以来，历史学仍然将自己的使命定位（或停留）在回答国家或政权的合法性问题，还有国家应该如何统治的问题上。历史研究长期不能摆脱政治话语的阴影，即使研究对象为人民群众，仍是主要使用政治史的话语，只是把目光向下移动而已。

受唯物史观的影响，20世纪以后，尤其是战后新史学的兴起，主要的趋势是从以国家为主体的政治史转向以人为主体的广义社会史。这种以人为主体的历史，是所有历史的前提和出发点。这样，历史学必然要走出国家的话语，不再是一种国家叙事。我们研究的历史是人的活动，是人与自然的关系，要求历史学者对他研究的对象的情境——情感、处境、生活方式、人际关系等，都能够有贴近的理解。历史学者的一个现实处境，是主要根据文字记述来进行研究，而用文字记录的叙述方式及生成、选择和保存下来的机制，无一不是在已经发生的历史过程中发生的，尤其是历史典籍和士大夫的文字书写，基本上是在一种国家话语中形成，并作为国家政治权力与政治行为的表达，要从这些文字表达中获得对作为历史活动主体的人的了解，历史学者需要培养自己"理解之同情"的能力。

这种能力，首先需要历史学者进入具体的情境，去体察历史情境之中人的存在和活动方式。这种进入，不只是简单地跟随以文字记录的史料。我们一方面不得不通过古人留下来的文字（主要是诗文）进入历史情境，另一方面，历史学者也要有足够的自觉，明白文字史料，尤其是官方典籍，是一种由特定的政治意识形态话语制造出来的，要通过文字史料把自己带回当时的处境和情感，对史学研究者来说是一种挑战。

在今天的历史叙述中，人民依旧是一个政治概念，具体的人的生活和情感，仍然附着于这个政治概念。历史学者要超越国家与政治的视角，怎样在面对传统史料的时候能够进入一个人的处境，从人的情感、人的生活出发去理解历史，仍然需要做更多努力的探索。

如何在历史研究中做到移情，陈寅恪先生所提倡的"诗文证史"也许是比较直接的一步，因为这个方式是受传统文献和史学训练的史学家或文人有能力运用的。诗词和散文很多时候表达的是他们当时的情境和心境。但是，我们做社会经济史研究，更多处理的，是社会经济活动留下来的信息和数字，尤其是当时人在处理他们面对实际事物时留下来的文字，这种文字本身很少直接提供描写现场的信息，但其内容又具有很强的现场感，比如书信和民间文书等，所以我们需要从更多的途径去获得这种现场感。社会经济史的研究者为什么如此重视民间文书？除了民间文书可以使我们对事实有更多细节上的认识外，更重要的是，这些文书是当事人在处理当下和切身利益有关的事务留下来的材料，其中呈现出来的情境，会比别人用记述方式描绘的同一件事，更接近实际的情形。这些在历史活动中形成的材料，本身可能是单调和形式化的，研究者要走进这些材料的历史现场，不能期待有足够的文字描述帮助，就更需要回到这些材料的空间现场，了解同这些材料有种种关联的人，因此我们的研究特别强调在历史田野中去解读史料。

问：在《天地所以隔外内》一文中您以南岭地区为例，提到"如果我们不是把南岭山地的国家存在只理解为一般意义上的政治统治体制，而更多把国家存在看成是一个多层的权力和文化体系，那么可以认为，南岭地区长期以来一直是在国家体系下创造自身的历史与文化的"。作为传统史籍上的"化外之地"，南岭一直是古代逃避政府与教化的区域，而关于南岭地区的研究是否会使我们对中国古代王朝的统治向基层渗透的统治技术有新的理解？

答：你用"向基层渗透的统治技术"这

种表述，让我隐隐约约感觉到对我的思路有一点误解。中国社会史研究，常常预设了一套上层机构及制度设计，叫作"王朝国家"，与其相对的，是处于底层的"基层社会"，然后去讨论国家如何统治基层。但是，如果我们的历史出发点是人的历史的话，所谓基层社会和王朝国家，其实都是这些人在处理他们和其他人群之间的关系的活动而已，并不是一个所谓王朝国家向基层社会渗透的问题。王朝国家不是一个外在的主体，它就存在于本地的社会秩序中。

回到我的逻辑起点，我们需要定义的是，"国家"究竟是什么，一群人拥戴着一个领袖，建立起一套权力架构，其中包括权力的掌握、权力的执行，还有权力的制衡，这些就可以叫作国家。所以国家是一个多种形式与层次的权力体系，不是一个外在于社会的力量。这样理解国家，就不是一个国家向基层渗透的问题。因为所谓的基层，只有它已经成为国家的一部分，才成其为"基层"，"基层"是国家构造的一部分。中国古代的国家有一个多层次的权力格局，也许与我们熟悉的近代国家不同，这个权力体系从都城向外围延伸，从京畿到行省、土司或者羁縻以及境外的藩属之国，在这个权力体系中，国家是以不同的方式存在的。从对国家结构的这种理解出发，我们要讨论的问题就不是国家向基层渗透，而是国家在不同地方的存在形式和运作方式。在王朝时期，国家是以人身控制为基础的，国家在不同地方的存在方式，实质是人的控制方式。

回到南岭的话题，岭南进入中国古代王朝的管辖中，纳入王朝国家的行政建制，是从秦始皇开始的，但真正确立统治是汉武帝时期。从此以后，岭南都在中央王朝的统治下，但岭南的居民在明代以前的相当长一个时期，大部分人并不在国家版籍里面，所以这些人不是国家体系中的"基层"，而是"化外之民"。在国家的眼里，他们是"盗贼"。明清以后，不是国家权力怎么渗透，而是如何把这些人拉入国家体系中。当王朝国家以暴力手段把这些人拉入国家权力之下，他们除了短时段的反抗逃脱之外，更多的反应，是怎样应付国家，接受或采取何种话语在本地社会建构国家秩序。所以，问题不是国家如何渗透，而是本地的人群及社会如何成为国家的一部分，用怎样的话语去建立国家秩序。

问：您的好朋友人类学者萧凤霞在形容自己的研究时曾经说："某种意义上，我怀着马克思主义的理想来到华南，但离开的时候，我却满怀韦伯（Max Weber）的恐惧。"她强调的是韦伯所谓的人与社会结构之间的彼此互动。在您的研究之中您怎么看人的行为与反应对一个区域的制度潜移默化的影响，是不是制度也会随着人的行为在不断进行自我调适？

答：所谓"制度"，我把它理解为一种"结构"。我和萧凤霞使用过一个概念，叫作"structuring"。萧凤霞教授用这个概念有特定的理论脉络，但我之所以能接受这个概念，是因为这个概念能够同我们年轻时就读过的马克思关于人创造历史的一个著名的论述联系起来。马克思在《路易·波拿巴的雾月十八日》有一句话："人们自己创造自己的历史，但是他们并不是随心所欲地创造，并不是在他们自己选定的条件下创造，而是在直接碰到的、既定的、从过去承继下来的条件下创造。"这句话包括两层意思，一是历史是人们自己创造的；二是人们创造历史，是在过去的人们的历史活动所创造的条件下创造的。而所谓"structuring"，则是说结构是在人的历史活动中形成的，但人的历史活动又是在既定的结构下进行的，而这既定的结构，是由过去的人的历史活动创造的。这是一个连续不断的过程。任何结构性的研究，固然可以取一个切片去清晰地做结构分析，但要解释这个结构，一定要了解其形成的过程，任何截出一个片段的历史过程的研究，都需要掌握这个历史过程是在怎样一种既定结构中发生的，并且要认识这个历史过程中改变或创造了怎样的结构，成为之后的历史活动的既定条件。当我们研究人的历史时，一定要明白，人是生活在一个特定结构之下的，但人同时有主观能动性。所谓主观能动性有两层意思，第一层意思是人具有改变他的处境的能动性；第二层意思就是人只能在既有的结构下行动，而不是随心所欲。所以，我们在华南做社会历史研究，很核心的一个观念是，首先从人出发，从人的行为出发，其次是人的行为在怎样的结构与环境下才可以达成目标。人作为能动者，他想做什么，怎么去做，这是我们研究的出发点，但是他只能在既有的结构中去行动，才能达成自己的目的。所以我们研究人，不只要研究人的行为，还要研究人为什么要采取这种方式，和采用什么方式能够成功，这背后就是结构问题，或者说就是制度的问题。

所以对历史学者来讲，结构永远是处于动态的过程中，所以我们要在 structure 后面加 ing。我们不只是要描述一个社会的具体结构是怎样的，那可能是社会学者的任务，他们要用一套概念把社会结构描述得很清楚。但对历史学者来说，研究的目标是人或者人群的历史活动。我们着重考察的是人怎么样行动才能达成自己的目标，这背后就是结构的力量。另一个是结构或者说制度是怎么由于人的活动而改变，这两者是统一的。这种思考的逻辑一直是我们研究的核心理路。

问：您认为中国的历史学者应当回到顾颉刚先生提倡的"在圣贤文化之外解放出民众文化"的思路之中，今天的中国民间信仰与宗族也有复苏的迹象。您认为这种现象与中国传统社会的社会结构以及国家权力不断向基层渗透的控制有关系吗？

答：其实，民间信仰没有一个复苏的问题。民间信仰是不可能真正消失的，只是随着时间和社会条件的变化，表现方式在改变。民众迷信超自然力量，通过表达信仰的行为,去实现他们的愿望,所用的方式在不同的政治环境和意识形态下是不一样的。具体的表现方式,只是一个同合法性与正统性相关的问题,不是一个有无或强弱的问题。

民间信仰不可能在民众生活中退场,是因为他们在现实生活中总会遇到种种用自己的能力不能处理的麻烦,就会寄望于另外一个世界或者超自然的力量。对这种力量的信赖,任何时候都不会消失。老百姓在任何时候都没有真正摈弃过对超自然力量的信仰,我们现在看到的所谓民间信仰复苏,其实只是一种比较传统的表现方式逐渐回到人们的视野中。我们对这样的一种现象的认识,应该是思考何种方式能获得合法性的问题。一种信仰具有正统性,实际上要跟国家意识形态联系起来理解。比如妈祖信仰,自宋代以来就一直具有合法性。所以人们对民间信仰的理解和态度,背后其实是一个正统性的问题,不是一个迷信还是科学的问题。

所谓国家权力向下渗透的表述是假定

国家和基层社会是对立的，但我认为两者是同构的。王朝国家认可的民间信仰的主要标准，首先是忠义，有利于维护国家权力，其次是能为百姓带来福祉。正统性的确立要考虑的是对统治是否有助益，这还要跟当时的政治话语联系起来。

问：您研究的时段集中于明清之际，在"冲击－回应"史观不断遭受反思与质疑的今天，中国现代化始自明清之际的观点也得到越来越多的认可。在您看来，明清史与近代史之间被传统的历史分期模式打断的状态，应该如何重新进行沟通对话？您的研究领域集中于明清的经济与财政体制，如果从这个领域观察，明清时期中国的"现代性"的特征是如何体现的？

答：这个问题是我几十年所从事研究真正关心的旨趣所在。所谓现代性，是基于进化的历史观的概念，中国的历史学家认为中国近代史的开端是鸦片战争，这是从社会形态去说的，鸦片战争之后中国逐步沦为半殖民地半封建社会，从此脱离传统的历史轨道。

把中国历史的现代性发展推到明清之际，有不同的逻辑。一种直接的逻辑是从人类历史的整体发展看的，世界从 16 世纪开始了走向现代的进程，中国历史是这个进程中的一部分，这种说法常常会被认为是一种西方中心的论述。我们还是要把鸦片战争以前的明清时期看作传统社会，我们熟悉的说法是封建社会，而以前我们都把封建社会看成停滞不前或者缓慢发展的。于是，就有了看起来好像对立的西方中心的历史观和中国中心的历史观的分歧。但是，不同的历史解释，只是历史视角的差别，并不是非此即彼的。

我们当然可以批评西方中心的论述，认为西方学者以欧洲的历史作为现代化开始的标志，不能用于作为与此同时的世界其他地区的现代化历史开始的标志。但是，其实，我们讲中国历史时，也是用同样的历史观的，我们也许可以用明清时期江南地区的经济发展来解释中国现代性的开始，但也同样把江南以外的中国其他区域——比如湘西、贵州甚至海南的五指山地区的历史作为中国历史的整体过程的一部分。这种历史方法同所谓西方中心论其实是一样的，只不过从西方中心论变成了江南中心论，在历史观上没有区别。因此，我认为我们理解所谓现代性的历史，不能把对历史的理解僵化起来，以为只有唯一的尺度。

我是研究明清社会经济史的，我要观察整个社会经济体制发生了什么变化。对我来说，要建立起我的解释体系，要面对一种矛盾的处境。我认为，中国王朝时期的经济体制，是一种与市场经济体制不同的贡赋经济体制。这样一来，对所谓现代性发展的解释，有两种可能的逻辑。一种是把从贡赋体制到市场体制作为现代性发展的主线，另一种是在贡赋经济体制的框架下，考察贡赋经济体制本身的转型。要简单明了地解释这两种逻辑的区别，可能有点困难。前一种逻辑可能容易理解，因为我们历来熟悉的历史进步公式就是从自然经济到商品经济，这与这种逻辑可以连接上。后一种逻辑是我主张要探索的。简单说，我认为中国王朝时期的经济，就性质上说，是一种贡赋经济体制，这种经济体制与市场经济体制的不同，不在于有没有市场和市场机制，而在于经济行为的出发点不是以资源稀缺为基本假设以及利益最大化为经济活动的目标，由此，从古典经济学开始发展出来的经济分析方法就不适宜作为贡赋经济体制运行的理论解释。所谓的贡赋经济体制，在中国王朝时期不但不是与市场相排斥甚至对立，反而是一种充分利用市场行为来运转的体制，这种体制，中国历史上称为"食货"，所以我将这个经济体制的原理称为"食货原理"。在这里，我要先强调，我所说的"市场"与"市场经济体制"不是同一个范畴。贡赋经济体制的特点本质上是一种指令经济或计划经济，但是整体的运作要依靠市场交换和流通。中国古代王朝国家的经济运行从没有排斥、拒绝过市场。在这样的一个逻辑下，我关心的是明清以来的贡赋经济体制转型，同样是由市场流通来推动的，但市场的发展是导致贡赋经济体制的解体而为市场经济体制所替代，还是使贡赋经济体制在愈益发达的市场支持下发生转型并得以延续下去。这是我一直思考的问题。

市场流通促成明代中期以后贡赋经济体制的转型，其中一个关键因素是作为市场运转的基本手段——货币的作用。货币是市场交换和流通的媒介，讲到货币，惯性上都会不假思索地将之视为一种市场经济的手段。然而，同市场交换和流通不为市场经济体制专有一样，在中国历代王朝，货币都是贡赋经济体制运作的基本手段。在明代，货币流通领域的一个重要发展，是白银货币的抬头，以称量计价的贵金属白银成为主要的货币。不过，白银首先是作为贡赋经济体制运转中的支付、调拨、核算的手段。白银在明代货币领域占据主导地位，既是出于贡赋经济体制运作需要的拉动，也适逢某种历史机缘的配合，才能够发生。这个历史机缘就是新大陆发现之后，白银大量进入世界市场流通，又由于国际贸易的关系，大量进入中国。白银的流入，缓解了明代贡赋运作由于内在的矛盾出现的严重问题，用白银作为计量和支付手段可以为解决这种矛盾提供新的出路。白银货币的地位，主要在贡赋经济体制的运行中体现，并由于贡赋经济体制的运作，在市场流通中扮演了主导角色。这样一种结构性格局的出现，以及白银作为称量货币的特性，对明代以后经济发展产生了深刻的影响。

在中国历史上，历代王朝都是通过控制货币发行来实现贡赋经济的有效运行的，战国秦汉以后的铸币和宋元以后发行的纸钞，都属于贡赋体制下的货币体系。由于明朝政府发行货币的失败，白银成为主体货币，固然适时地弥补了官方货币的缺失，但结果是引起了贡赋经济体制的转型。白银在作为贡赋经济运行的有效手段的同时，架空了国家通过发行货币控制货币流通的机能，同时也影响了信用体系和金融机构的成长。白银在没有国家信用和金融机制保障的同时，成为国家经济运行的主要手段。由这样一个货币体系运转的国家经济体制，发生了何种方向的转型，是我们需要深入研究的课题。

在这个意义上，核心的问题还是贡赋体制和市场机制之间的关系。在货币运作的领域，16 世纪之后的中国究竟发生了什么变化？我认为，理解这个转变的根本，还在于作为国家统治基础的户籍赋役制度，白银货币、赋役、户籍这三者究竟如何配合运作，并形成一种新的体制，是一个关键的问题。我们也许可以说，由于白银流入引起的制度变化，是贡赋经济体制下生长出来的一种现代性。

问：王国斌采用中西互释的方法对照

中国与欧洲的发展经验，他认为早期欧洲与明清时期中国的发展路径，并没有本质上的差距，而只是到了 19 世纪才发生大分流。而梁方仲先生在评价中国历史上的"资本主义萌芽"时认为，"当时的商业和商业资本……实际上乃是一种畸形的发展"，"大量货币集中到商人手里以后，他们就往往用来买田、造宅、置妾，而非生产性开支，因此资本的积累不免受了很大的限制，由商业资本家变为工业资本家的极为少见"。是否在明清之际的中西之间已经发生了分流？

答：所谓"分流"，基本的假设是不同的文明本来都循着同一条道路行进，到某个时间节点，走上了不同的岔路，走向不同的方向。在我看来，如果说 16 世纪以后中国经济的转变是贡赋经济体制的转型，而欧洲则转型为市场经济体制，那么分流就是不言而喻的。你提到的梁方仲先生以上的表述，是在发展资本主义逻辑下的表述，那个时代的经济史研究都是在这个逻辑下去论述的。

但我们要从梁先生这个表述中看到他对当时大家熟悉的逻辑提出的质疑。梁先生所谓的"畸形发展",是以市场经济或资本主义经济发展的正常逻辑作为标准,指出明代中国的商业资本并不符合这个逻辑。这就是说,以英国历史为典型发展起来的近代市场经济发展逻辑为参照,中国当时的商业与商业资本就是"畸形"发展。我的理解是,在明代,中国经济发展从市场经济体制发展的逻辑看是"畸形"的,因此就应该从另一种经济体制的逻辑上去说明,说白了,如果放到贡赋经济体制的逻辑上去看,就是正常的了。

回到资本主义的逻辑上,我们自然会认为财富集中之后,到乡村买田造宅,而不进行可以获得更高利润的再生产,是一种"畸形"的非理性选择。但其实,富人在贡赋经济体制中经营,通过商业活动大量吸纳财富,这些财富最终都流向非生产性、非市场的领域,对当时人来说,这是另一种理性。这个事实提醒我们,明清时期的经济活动和选择不是以市场经济与自由竞争作为出发点的。

我们经济史研究一直都是以市场经济体制的经济学为理论依据。在市场经济理论下，王国斌和梁方仲的看法都没有问题。经济史研究以劳动生产力、市场化程度、市场的整合程度等这些市场经济学的指标与概念作为价值判断，以 16 世纪的西欧与江南进行比较，认为当时这两个区域并没有太大差别，甚至从劳动生产力、市场整合与配套机制来比较，江南甚至更有优势。因为工业化和新能源会造成劳动生产率的飞跃，明清时期的中国没有这种革命性的飞跃，中西方分流是从这个思路去讨论的。所有这些解释，放在市场体制的经济学逻辑下当然都是对的。但是梁先生不同，他用"畸形发展"这种今天看来有点含糊的判断把要害指了出来，把自己研究时产生的感觉表达出来。从这个判断，我进一步提出了两种经济体制的不同，因为我认为，与其把这种事实仅仅视作一种变态，毋宁视作另一种经济体制下的常态。

我把这个理解为不同经济体制，是受到英国经济学者希克斯（John Richard Hicks）在《经济史理论》中提出的见解的启发，他把经济体制分成三种类型，习俗经济、指令（或岁入）经济与市场经济。在希克斯区分不同经济体制的启发下，我把他的岁入经济的概念改为贡赋经济的概念。我想这个概念与岁入经济的不同，是从中国历史的经验看，贡赋经济的运转不但不排斥市场，而且非常依赖市场来运作。因此这种经济如果用"食货经济"来表达，可能更贴近中国的历史经验。

问：从朱元璋时代严苛的"里甲制"与"粮长制"再到明清之际国家必须通过宗族、士绅控制基层社会，请您简单谈谈这种转变与明清赋役制度的变革有何种关系？随着里甲制的动摇，明代的基层官员又进行了哪些尝试去适应这种旧制度的动摇？

答：这个话题要三言两语讲清楚可能太复杂了。我这里只能很概括地谈几句,详细的可参考我的研究或在一些讲座中的解说。中国古代的君主国家对臣民的控制,是通过编户齐民的方式实现的,这是古代王朝统治的基础。在明代,这个统治秩序的基础就是里甲制。王朝国家控制人民的目的,是以征派赋役的方式控制社会财富(即所谓的贡赋),食货经济有一个看似悖论的原理,就是"财聚则民散,财散则民聚",聚民是为了有财,但财聚会民散。在这个悖论下,达到均衡目标的原则是"均平"。明代围绕着户籍赋役制度发生的一系列改革,包括白银在贡赋领域的运用,都是以此为目标的。

明初的里甲体制,就是为了达到"均平"的目的设计的。在贡赋以"当差"的方式供应的制度下,实现均平原则的方式是按户等派轻重不等的差役,所以,里甲户籍制度的立法原意,是要严格限制分户,因为有力之家可能通过分户逃避重役。但另一方面，从编户的角度，总是趋向于分户，维持小家庭，这样可以减轻实际的负担。所以，这个户籍体制下，很难普遍以大家族为单位登记户籍。但是，明代中期的改革，用白银计算赋役负担，并按比例摊派到丁、田征收。这样贡赋运作就以可计算的方式按照比例分摊，里甲户籍中"户"的规模不再同负担轻重相关，如何在户内分摊承役的问题也很容易解决，分户不再是一种同赋役负担轻重相联系的需要，户的规模就可以由很多个核心家庭共同组成。政府还可以通过控制户，去控制具体的家庭和个人。这种新的机制逐渐成了宗族组织形成的动力和制度基础。当然，宗族发展还有其他背景和逻辑，但是最基本的，是和明清的户籍制度相配合，两者在配合方面的典型体现为清初一个很重要的政策，叫作"粮户归宗"。就是不同的户只要同姓或者自认为来自同一个祖先，即便本来不在同一个里甲中，政府就把他们归到同一个户之下。从户籍赋役制度的变化为明清宗族的发展提出一种制度化的解释，还有很多具体的问题需要研究。

问：明代实行金花银与一条鞭法，使赋役制度向货币化转换。这种国家财政的转变方式，是否使得明代存在一定程度上的"市场经济"。明王朝的统治者为何会做出这种转变？以完纳钱粮作为赋役方式的明清政府，是否也因此较之前古代王朝的贡赋体制发生转变？

答：明清和之前的王朝在经济运作方式上肯定有区别，货币能够被这样广泛地运用在贡赋经济运作之中，当然以一个有效运转的市场作为前提。以市场流通的方式去调节资源分配的经济活动，在中国古代从来都很发达。战国以后，食和货基本上是不可分离的。但是，市场流通的存在和活跃，是不是就意味着是"市场经济"，这一点要看如何界定"市场经济"。不同的交换行为和市场流通当然就形成了一个市场，但如果我们在前面所说的希克斯提出的三种经济体制的区分这样一个概念下，"市场经济"还是应该严格限制为指基于资源短缺和满足需求无限的经济目标，通过市场机制调节资源配置，实现效益最大化的经济体制。市场流通和市场调节的机制在中国有很长久的历史，但那不是经济学讲的市场经济体制，而是在贡赋经济体制中的市场运作机制。不过，即使在这个意义上讨论市场发育，明中期以后的市场，与此前的市场还是有很大的变化的。明清时期贡赋体系用货币作统一的核算手段，市场的作用肯定大大增强。但是从整个经济体制的角度看，贡赋体制的本质并没有改变。

经济史学家讨论明时期的市场，常常会讨论到所谓的斯密动力，即在市场活动中，由分工的发展追求利益最大化，推动社会劳动生产力和技术进步，实现国民财富的增长。我认为明清中国的整个经济运转并不是这样一种体制。在微观上看，从某个商人的行为或者某个局部也许可以看到市场经济的存在和发育，但整体国民经济在性质上一直没有脱离贡赋经济体制。

我想一再强调的是，贡赋体制与市场流通并不是对立的，市场在明清时期的贡赋体制中是非常重要的一部分，但是我们是不是能够从中导出市场经济体制取代了贡赋经济体制的结论呢？近年来，经济史学者喜欢从"脱嵌"的角度来看这个历史过程，我以为脱嵌是一个以嵌入为假设的概念，是以国家权力嵌入市场为出发点的，但是我倾向于强调以市场经济嵌入贡赋体制作为出发点。我今年在北大文研院开了一个工作坊，主题叫"脱嵌的母体——传统中国贡赋体制中的食货原理"，就是这样一个意思。我更希望解释的，是市场经济在传统中国经济体系中扮演的角色，而不是从市场着眼看国家权力怎么影响经济。到了16世纪以后，确实人们逐渐看到很多比较契合市场机制的行为逐渐脱离贡赋体系的逻辑，但我的着眼点，仍然是市场如何改造贡赋经济体制，而不是取而代之。

问：《在国家与社会之间》一书中，您关注的是赋役制度变革对珠江三角洲地区的影响。白银的流入改变了珠江三角洲的市场模式，但是同样市场经济的发展并没有使当地的士绅转变成西方意义上的商人阶层，反而促使他们更加深入地介入当地的社会治理，为什么会发生这种状况？

答：明清时期在广州、佛山的大商人以徽州商人、福建商人、江浙商人和山陕商人为主。这些商人在广州和佛山从事商业活动，当然也有珠江三角洲本地的商人，其中很多是买办，19世纪以后很多是活跃在境外（如香港、澳门）的。所以，笼统说珠江三角洲的商人阶层，情况可能是多种多样的。不过，不能简单化来讨论的一点，就是以广州为中心的市场，本质上是资本主义世界体系的一个节点，但同时它又是世界市场与中国国内市场的联结点。这样看来,以广州为中心的市场,既是在市场经济体系中运转,也同贡赋经济体制有着多层次的联系。你所说的白银流入改变市场模式,这是一个非常复杂的情况,不能简单而论。这个市场模式也不能单一定性。不过有一点可以确定的是,16世纪以后的广州贸易,不只是在中国原有的经济体制中驱动的,它一步步被拉入到16世纪以后的世界市场。但是,这个世界市场运转,之所以把中国各地商人吸引到广州从事贸易,背后一个结构性的因素,还是中国王朝的传统经济体制。汉唐以来,广州首先是环南海地区贸易的最重要的港口。16世纪以后的世界贸易体系把原来环南海的市场,与印度洋地区都拉了进来,但并不等于就可以在根本上改变这些区域的市场模式和性质,我们要从多种市场和经济体制之间的关系去理解。

从历史上看,广州贸易在王朝经济体系中的角色,是王朝国家需要大量来自海外的特殊资源，如香料、药材、奇珍异宝等。16世纪以后欧洲商人来到东方，首先是以他们进入这个市场的方式，把这个市场拉入资本主义的世界体系中，但广州在环南海区域的贸易中心地位依然在延续。对于广州来说，市场模式发生的根本改变，主要是从以进口贸易主导改变为以出口贸易主导，尽管广州依托的国内市场没有发生本质的改变，但经由广州出口的商品，最大宗的是丝、茶、瓷等销往国际市场的商品。瓷器主要来自景德镇，茶叶来自福建和徽州，丝来自江浙。在这种世界资本主义体系与中国内部市场的交互作用下，进口导向到出口导向的转变，一方面扩大了市场经济的成分，国内商业贸易转变成以在广州的国际贸易作为市场流通的重心，但另一方面，又把国际贸易吸纳进来，成为推动国内贸易的动力，这种动力尤其体现在白银被大规模拉入贡赋体制运作中。所以，我们研究珠江三角洲的商业与商人，必须在两个背景下理解，一个是中国进口贸易面对的贡赋体制，另一个是出口贸易面向的世界贸易体系。

本来，按照资本主义市场的经济逻辑，出口贸易主导，应该刺激国内生产的生产规模扩展和技术进步，乃至引起工业化，引起中国经济体制的转型。但以广州为中心的出口贸易引起的变化，主要是吸纳来自世界市场的大量白银货币用于维持贡赋体制的有效运转。因此，由广州贸易推动的明清时期的经济繁荣，仍然是贡赋体制在主导。

在这样一种经济模式下，中国商人的社会身份地位与价值并不是取决于他们的市场角色和商业行为，尤其是在他们身处其境的社会网络中，他们的经营策略和社会参与，都不可能脱离这个社会的基本结构和文化价值取向。因此，要理解这些商人，必须从整体的社会经济体制，还有文化和政治格局和价值体系中去认识。

问：美国学者杜赞奇（Prasenjit Duara）在《文化、权力与国家：1900~1924 年的华北农村》一书中关注华北地区的基层社会，他认为地主和基层社会的精英与政府形成了一种国家与乡村社会之间"经纪人"的关系。在您研究的领域中，这种解释模式能否移植到华南地区？广东地区的宗族是否也扮演着类似的角色？

答：这个问题不是地域差别的问题，也不是在特定地域形成的解释模式能否移植到另一个地区的问题。按照惯性的历史观与思考方法，这样的结论是肯定的。因为如果我们理解历史，先有一个概念是顶层叫作国家，底层叫作民间社会，然后再看这两者之间必须有一些中间群体来进行沟通，这个逻辑自然没有问题。

但是，我的研究兴趣不在这里，因为这种解释模式已经是人们再熟悉不过，不言而喻的。我的兴趣还是从人的活动与主观能动性出发，更多关心的是人如何在特定的环境下经营自己的生活，并和周围人以及政治权力发生关系。在国家与社会之间存在"经纪人"这种解释模式下，不同区域的统治模式有或多或少的差异，是不需要论证的。但你说的这种解释模式，基本上不是一个特定地区的问题，而是在任何地区都存在。因为一个庞大的国家的官僚机器要进入普通人的日常生活，中间肯定需要中介势力。我们要论证的，是所谓的地方精英形成的机制是什么？"经纪人"和中介是怎么形成的，他们在什么样的制度框架下，用怎样的方式达到他们行动的目标，有哪些社会资源会被运用来行动，他们的行为方式又有怎样的结果。

我并不认为华北与华南的社会结构有很大差异，不同地方的地方精英所处的社会结构、文化传统和制度环境有差异，但是这种差异与其说是地域的不同，还不如说在每一个区域里面都存在多样性。很多学者习常认为华北的社会结构是小自耕农和地主＋佃户的组织形式，而华南是宗族制，但这是不是真正的区别所在，我们还需要在更多的地域做更细致深入的研究。近年来的一些研究让我们知道，华北的宗族也有非常发达的，华南地区也有很多乡村并不是以宗族作为基本的组织形式。

问：这种区域研究之间的交流，会让我们对"中国"这一个杂糅政治、经济、文化、民族的概念有哪些更深刻的理解？

答：如果说历史研究的出发点是人的行为和人的活动，那就不应该由一个凝固、先在的概念作为历史研究的起点或目标。国家作为一种由人的行为所创造，并且不断地在历史活动中塑造它的性格和角色的体制，在不同人的活动与生活空间中，也有不同的呈现的视角。我们的历史研究是为了更好地了解在一个漫长的历史过程里面，今日的中国是如何不断地塑造、重塑、建构形成的，希望从不同的角度对"中国"形成一个更有历史深度的解释，而不是以一个不言自明或者古已有之、僵化不变的概念作为我们认识中国历史的前提。这样才能真正明白古代中国与现代中国之间的继承关系。

历史上一直以来对"中国"这个概念的积累与演变，不是可以被任何逻辑论证来解构的。我们注意到很多不同的族群在不同的地域、不同的自然环境和文化之中被逐渐汇合到一个共同的历史进程中，这就是中国形成的过程。

我多年合作的朋友萧凤霞最近汇集了她的部分研究成果，编成一本书，原来考虑书名用"*China as Process*"（作为过程的"中国"），出版时用"*Tracing China*"作为书名，两个书名表达的是同一个意思，就是在历史中认识中国，正因为"中国"是一个"过程"，所以我们认识中国，需要用追溯的眼光。任何的政治体或者组织，一定是在历史过程中形成的。所以研究者也必须从"过程"中认识、把握研究对象，在"过程"的认识下才能真正把握住它的实质与形式，就不会为表面现象所困惑。我认为只有这样去研究"中国"，才能理解它的统一性与多元

性。因为"中国"是一个历史过程的产物，
除非历史是以倒放的方式发展，否则不应该
以今天这个一体化的中国作为一个预设的概
念去回望历史。

图书在版编目（CIP）数据

在历史中寻找中国：关于区域史研究认识论的对话 /
刘志伟，孙歌著 . -- 增订版 . -- 北京：社会科学文献
出版社，2025.7. -- ISBN 978-7-5228-5217-1

Ⅰ.K29-3

中国国家版本馆 CIP 数据核字第 20256CJ861 号

在历史中寻找中国

——关于区域史研究认识论的对话（增订版）

著　　者 / 刘志伟　孙　歌

出 版 人 / 冀祥德
责任编辑 / 李丽丽
文稿编辑 / 黄　丹
责任印制 / 岳　阳

出　　版 / 社会科学文献出版社·历史学分社（010）59367256
　　　　　地址：北京市北三环中路甲29号院华龙大厦　邮编：100029
　　　　　网址：www.ssap.com.cn
发　　行 / 社会科学文献出版社（010）59367028
印　　装 / 南京爱德印刷有限公司

规　　格 / 开　本：787mm×1092mm　1/32
　　　　　印　张：12.125　字　数：151千字
版　　次 / 2025年7月第1版　2025年7月第1次印刷
书　　号 / ISBN 978-7-5228-5217-1
定　　价 / 59.00元

读者服务电话：4008918866